이해하기 쉬운

색채심리 ①

포포 포로덕션 · 서인숙 옮김

정일

역은이 포포 포로덕션(Pawpaw poroduction)

'사람의 마음을 움직일 수 있는 재미있고 즐거운 좋은 책을 만들자'를 모토로 삼아 놀이 감각을 담아 기획하고 영화, 게임, 오락, 패션, 스포츠 등 다양한 업종과 협업하며 도서를 제작하고 있다. 색채심리와 인지심리를 전문으로 하고, 심리학을 활용한 상품 개발이나 기업의 컨설턴트 등도 진행한다. 저서로는『색채와 심리의 재미있는 잡학』(다이와쇼보),『만화로 아는 색의 재미있는 심리학』,『만화로 아는 인간관계의 심리학』,『만화로 아는 행동경제학』(이상 SB Creative),『팬더 선생님의 심리학 도감』(PHP 연구소) 등이 있다.

옮긴이 서인숙

· 고려대학교 일어교육 대학원 일본어교육 석사 졸업
· 현 세민정보고등학교 일본어 교사
· 현 서울일본어교육연구회 홍보부회장
· 2004년도 서울특별시 교육청 지정「교육자료개발연구원제」일본어과 ICT교수학습자료개발, 교육감상 수상

좀 더 재미있고 알기 쉬운 '색채심리' 책이 있으면 좋을 것이다.

이 책은 그런 관점에서 만들어진 '색채심리학' 책이다. 이론을 바탕으로 하고 있지만 복잡한 것은 되도록 배제하고 알기 쉽게, 구체적인 실례를 들어 설명하고 있다. 또한 일러스트나 만화도 가볍게 읽을 수 있도록 재미있는 테마를 모아 보았다. 하지만 본문을 보완하는 것과는 완전히 다른 효과적인 이야기, 때로는 색채와 전혀 무관한 이야기를 연결해 놓기도 했다.

일반적으로 사람들이 선택한 색들을 지적하는 데는 많은 용기가 필요하다. 특히 옷의 코디네이트 등을 지적하는 것은 상당히 어려운 일이다. 그것은 상대의 센스를 부정하는 것이며, 자칫하면 색감까지 쉽게 부정하는 일이 될지도 모른다. 그러나 그런 생각은 옳지 않다.

색의 조화는 이론이며 사람을 기분 좋게 하는 요소가 있다. 그것은 말의 사용법이나 음의 조화와 다를 바가 없다. 색채의 이론은 이해하기가 약간 복잡하기도 하고, 여러 가지 불가사의한 효과를 만들어내기 때문에 다루기가 어려워 사람들은 종종 감각적으로 처리해버리는 경우가 있다. 또한 사람에 따라서 받아들이는 방법은 각각 다르지만 대부분의 경우 논리적으로 이해시킬 수 있다. 색의 조합뿐만 아니라 색이 가진 성질이나 효과를 알면, 논리적으로 적절하게 색의 사용법을 알게 된다. 색채의 이론을 배우면 '센스'라는 애매한 말에서 벗어나 보다 자유롭고 자신 있게 색을 사용할 수 있게 될 지도 모른다. 이제 '센스'라는 말에 겁부터 먹지 말자.

그러면 이 책의 사용법을 간단하게 설명하고자 한다. 기본적으로 어디부터 읽어도 관계없지만 색의 기본적인 용어와 구조를 다루고 있는 제0장은 대충 훑어보기 바란다. 색채의 기본을 이미 알고 있는 사람이라면 꼭 필요한 부분이 아니기 때문에 만화만 읽고 넘어가기 바란다.

제1장은 구체적으로 색채의 효과, 색이 가진 놀랄만한 힘에 대해 설명하고 있다. 한색이나 난색, 팽창색 등 자세히는 모르지만 이미 알고 있는 부분도 있을 것이라고 생각한다.

제2장에서는 색채심리학이 사용되고 있는 실천현장을 소개하고 있다. 독자도 모르는 사이에 색채의 대단한 효과를 체험하게 될 것이다.

제3장에서는 색의 기호와 성격에 대해서 설명하고 있다. 자신과 주위에 있는 사람들과 어느 부분까지 맞는지 이야기 해 보는 것도 재미있을 것이다. 색채심리의 메인 콘텐츠라고도 말할 수 있다.

제4장에서는 알고 있으면 편리한 색채의 효과를 소개하고 있다. 색은 눈뿐만이 아니라 피부로도 보고, 시간대에 따라 다르게 보이는 현상에 대한 흥미 있는 사례를 소개하고 있다.

제5장 패션부분에서는 자기에게 어떤 옷이 어울리는지, 옷을 입으면 어떤 영향을 받는지를 간단하게 다루고 있다. 이 장에서는 개론정도만 다루었기 때문에 흥미를 가진 사람은 다른 전문서적을 보기 바란다.

제6장에서는 남는 페이지를 메운 것이 아니다. 중요한 효과를 생략해 가면서까지, 소개하고 싶었던 색에 대한 작은 화제를 모아 보았다. 아주 조금밖에 설명할 수 없어서 아쉬움이 있었지만 어쩔 수 없었다.

여기까지 읽었다면 색채심리 개론에 대해 완벽하게 알게 됐을 것이라고 생각할 수 있지만, 다시 색에 대해 어려움을 느끼게 될지도 모른다. 색은 면적비율이나 어떤 색과 겹치는가 하는 문제 등으로, 실제 여러 가지 효과를 만들어 내며, 서로 복잡한 효과를 가지고 있어서 컨트롤하기 어렵기 때문이다. 또한 긍정적 효과와 부정하는 효과를 동시에 가지고 있어서, 어느 효과가 나올 지 특정 조건에서 변하기도 한다. 색이 마음에 미치는 심리효과도 단순하지 않고 복합적인 요소가 얽혀 있다. 색채는 매우 복잡하다. 아니, 그렇기 때문에 재미있다고 말하고 싶다. 이 책을 통해서 재미있는 색채심리의 세계를 조금이라도 더 알게 되기를 바라며 더욱 많은 사람들이 색에 흥미를 가지고 색을 자유롭게 다루게 되기를 희망한다.

또 이 책의 만화, 일러스트에는 머리에 꽃을 단 원숭이들이 등장한다. 그들은 감정이나 표현하고 싶은 색을 머리의 꽃 모양이나 색으로 표현하는 '니혼원숭이' 라고 하는 종류의 원숭이이다. 일본원숭이에 버금가는 종류이지만 생태에 대해서는 아직 자세히 알려져 있지 않다. 왜소한 원숭이이지만 본서의 해설을 위하여 도움을 받았다. 이 자리를 빌어 감사드린다.

Contents

제 0 장 색채의 기본

색에 따라서 흐르는 시간이 다르다 ·································12

색에는 무게가 있다·······································16

색의 기본 / 색상, 명도, 채도 ·······················20

RBG와 CMY·······································22

'톤'이라는 것은 무엇일까? ·······················24

편리한 색상체계 / 먼셀색상체계 ·················26

알고 있으면 편리한 색견본 ·······················28

제 1 장 색채의 신기한 힘

따뜻한 색과 차가운 색 ·······························32

반사하는 색과 흡수하는 색 ·······················36

팽창색과 수축색 ·······································40

진출색과 후퇴색 ·······································44

식욕이 생기는 색 ·······································48

사람을 잠으로 유인하는 색 ·······················52

제 2 장 색채심리학과 실천

색채심리학이라는 것은 ·······························58

색채탐구의 역사 ·······································60

아이와 색채심리 ·······································62

범죄와 색채심리 ····················66
기업과 색채심리 ····················68
취직활동과 색채심리 ·················74
직장환경과 색채심리 ·················76
병원과 색채심리 ····················78
책과 색채심리 ······················82
영화와 색채심리 ····················84
스포츠와 색채심리 ··················90

제 3 장 좋아하는 색으로 알 수 있는 성격

좋아하는 색으로 알 수 있는 당신의 성격 ··············94
검정을 좋아하는 사람의 기본성격 ···················96
검정의 심리효과 / 검정의 에피소드 ··················98
흰색을 좋아하는 사람의 기본성격 ··················104
흰색의 심리효과 / 흰색의 에피소드 ·················106
흰색의 심리효과 / 흰색의 지식 ····················108
그레이(회색)를 좋아하는 사람의 기본성격 ············112
그레이의 심리효과 / 그레이 에피소드 ···············114
빨간색을 좋아하는 사람의 기본성격 ················116
빨간색의 심리효과 / 빨간색의 에피소드 ··············118
분홍색을 좋아하는 사람의 기본성격 ················126

분홍색의 심리효과 / 분홍색의 에피소드 ························· 128

파란색을 좋아하는 사람의 기본성격 ·························· 130

파란색의 심리효과 / 파란색의 에피소드 ························· 132

노란색을 좋아하는 사람의 기본성격 ·························· 136

노란색의 심리효과 / 노란색의 에피소드 ························· 138

녹색을 좋아하는 사람의 기본성격 ···························· 140

녹색의 심리효과 / 녹색의 에피소드 ··························· 142

주황색을 좋아하는 사람의 기본성격 ·························· 146

주황색의 심리효과 / 주황색의 에피소드 ························ 148

그 밖의 색깔의 기본성격 ·································· 150

좋아하는 색과 성격의 관계, 좋아하는 색은 항상 변한다 ······ 152

제 4 장 알고 있으면 편리한 색채효과

반발하는 색과 돋보이게 하는 색 ····························· 156

색의 대비효과 ··· 158

색의 동화효과 ··· 162

잘 보이는 색과 잘 보이는 조합 ···························· 164

석양이 지면 빨강은 잘 보이지 않는다? ······················ 166

색은 피부로도 보고 있다 ································· 168

소리에도 색이 있다? ····································· 170

면적의 차이에 의한 색의 느낌 ···························· 172

기억색 ··· 174

제 5 장 색 조절

패션과 색의 관계 ·································180
옷의 색이 상대에게 주는 영향 ··················182
옷의 색이 자신에게 미치는 영향 ···············184
퍼스널컬러시스템 ······························186
유행색은 만들어지고 있다 ····················190

제 6 장 색의 잡학

재미있는 색이름 ·······························194
색의 잡학 ······································200

00
색채의 기본

색이 사람에게 미치는 영향을 알아보기에 앞서
색채의 기본적인 성질을 먼저 소개하고자 한다.
색채가 가진 '무게'와 '시간'이라는
불가사의한 효과와
색채의 기본성질에 대한 해설.
복잡하고 재미있는 색채심리의 세계는
지금부터 시작된다.

색에 따라서 흐르는 시간이 다르다
색은 시간의 감각을 바꾼다

색은 불가사의한 힘을 가지고 사람의 감각에 큰 영향을 준다. 예를 들면 색에는 사람의 시간 감각을 바꾸는 힘이 있다. 사람은 빨간색을 보고 있으면 시간을 실제의 시간보다도 길게 느끼고, 파란색을 보고 있으면 짧게 느낀다. 두 명의 실험자의 도움을 받아 한 사람은 핑크 벽지와 진홍 양탄자가 깔린 빨간색 방에 들어가게 하고, 또 다른 한 사람은 파란 벽지와 엷은 청색 융단이 깔린 방에 시계도 없이 들어가게 한다. 그리고 1시간이 지나면 나오라고 부탁한다. 그러자, 빨간색 방에 들어 간 사람은 40~50분 정도 되어서 나왔지만 파란색 방에 들어간 사람은 70~80분 동안 나오지 않았다. 그것은 빨간색 방이 촌스럽게 꾸며진 럭셔리한 방 같아서 기분이 나빴기 때문일 수도 있겠지만 그러나 그것만은 아니다. 사람의 시간 감각은 방의 색에 의해 바뀌어 버린 것이다.

예를 들면 레저활동으로 인기가 있는 다이빙을 할 때 다이빙산소통 하나가 40~50분 정도 지탱하지만 물 속에서의 감각은 20분 정도 밖에 되지 않는다. 물고기나 산호 등 흥미가 있는 대상이 있기 때문에 짧게 느껴지기도 하겠지만 물 속은 청색으로 싸여진 세계로 인간의 시간 감각을 마비시켜 짧게 느끼게 한다. 이 현상은 일상생활의 조명에도 적용된다. 청백색 형광등 아래에서는 시간이 짧게 느껴지고 백열등의 따뜻함이 있는 불빛 아래에서는 시간이 느긋하게 느껴진다. 이 때문에 단순한 사무작업 등은 형광등 아래에서 하는 것이 좋다. 백열등 아래서 일을 하게 되면 좀처럼 시간이 흐르지 않아 조바심을 내기 때문이다. 반대로 자신의 방에서 느긋하게 지내고 싶을 때는 백열등이나 따뜻한 느낌이 있는 전구가 좋다. 틀림없이 우아하게 자신만의 시간을 만끽할 수 있을 것이다.

1

색은 시간감각을 마비시키는 효과가 있다

2

예를 들면 두 사람을 각각의 방으로…

키ㅡ

너 원숭이지

3

한 사람은 빨간색 방으로

4

또 한 사람은 파란색 방에서 1시간을 체험하게 한다

5

그러자 빨간색 방에 있던 사람은 40~50분 지나자 나와 버린다

끼익~

응?

6

파란색 방은 70~80분 후에 나올 예정

자지마 어이!

쿨쿨

🍂 패스트푸드점에서 만나기로 해서는 안 된다

좌석 수가 많아서 가벼운 마음으로 들어가 음료수만으로도 오랜 시간을 있을 수 있고 친구와 만나기도 편하기 때문에 패스트푸드점을 이용하는 사람들이 많다. 그러나 이것은 그다지 바람직하지 않다. 대부분의 패스트푸드점에서는 오렌지색이나 빨간색 등을 사용하고 있다. 이 색은 시간을 길게 느끼게 하는 효과가 있기 때문에 사람을 기다릴 때 초조하게 만든다. 오렌지와 빨간색은 사람의 기분을 밝게 만들고 식욕을 증진시키는 효과는 있다. 그러나 만나는 곳으로는 그다지 적합하지 않다. 만나기로 할 장소라면 안정된 컬러를 사용하는 아메리카 시애틀계의 에스프레소카페가 좋다. 커피 향에는 긴장을 푸는 효과가 있기 때문에 사람을 느긋하게 기다릴 수 있다.

🍂 색채심리학이 만드는 이상적인 사내회의

오랜 시간이 걸리는 회의는 회사원 고민 중의 하나이다. 2시간을 넘기는 회의는 바람직하지 않다. 그렇게 긴 회의가 자주 있는 회의실은 파란색 계열의 내장을 권한다. 파란색 계열의 커텐이나 의자, 회의용으로 파란 노트를 준비한다. 파란색을 보고 있으면 시간의 흐름을 빠르게 느끼기 때문에 회의를 빨리 진행시키려고 하는 강박관념이 생긴다. 하지만 파란색에는 긴장을 푸는 효과도 있어 참신한 아이디어가 나올 가능성도 높다. 시간이 짧게 느껴져 내용이 더욱 충실한 회의를 기대할 수 있다. 그리고 회의에서 자신의 발언에 주목을 시키고 싶다면 색을 진정시키는 빨간색 계열의 넥타이를 권한다. 빨간색에는 사람의 주목을 끄는 효과가 있다. 단, 셔츠 등 면적이 넓어지면 상대의 의사결정을 산만하게 할 수 있으므로 주의해야 한다.

1

회의는 회의실 색이 매우 중요

원숭이 회의실

졸졸

졸졸

2

빨간색 방에서 회의를 하면

끼끼끼~

콩콩

3

좀처럼 시간이 지나지 않는다

추욱~

4

파란색 방에서는 시간의 흐름이 빠르다

난처함

5

그렇기 때문에 회의실은 파란색 계열의 내장을 권한다

그러나 열중하게 되면

6

어느새 자정을 넘겨 새벽에 귀가...

무서운
마누라가
집에서
기다린다

RAMBO

색에는 무게가 있다
무겁게 느끼는 색과 가볍게 느끼는 색

색에는 무게가 있다. 그렇다고 해서 색 자체에 무게가 있다는 것은 아니다. 색에는 무거운 느낌과 가벼운 느낌이 있다는 의미이다. 예를 들어 같은 무게의 흰 상자와 노란 상자는 어느 쪽이 더 무겁게 느껴질까? 그 답은 노란 상자이다. 그리고 노란 상자와 파란 상자에서는 파란 상자가 더 무겁게 느껴지고, 파란 상자와 검은 상자의 경우는 검은 상자가 더 무겁게 느껴진다. 그러면 구체적인 무게의 차이는 어느 정도일까? 색과 무게의 차이를 검증한 어느 실험에서는 검은 상자는 흰 상자와 비교해서 놀랍게도 1.8배나 무겁게 느껴진다고 한다. 같은 색일지라도 명도(색의 밝기)가 낮은 색은 명도가 높은 색보다 무겁게 느껴진다. 즉, 핑크보다 빨간색이 무겁게 느껴진다. 채도(색의 선명함)가 낮은 색은 채도가 높은 색보다도 무겁게 느껴진다. 같은 빨간색 계통일지라도 빨간색보다는 마린색(밤색)이 무겁게 느껴진다.

겨울옷을 무겁게 느끼는 것은 옷을 겹쳐 입었기 때문만이 아니라 색에서도 무게를 느끼기 때문이다. 또 '무게'는 주관적인 감각이기 때문에 환경이나 몸 상태에 따라 크게 변한다. 아침과 똑같은 가방을 들었어도 회사에서 집으로 돌아갈 때 더 무겁게 느껴지는 것은 피곤하다는 증거일지도 모른다. 아침부터 가방을 무겁게 느끼는 사람은 요주의. 조금이라도 가볍게 느껴지도록 밝은 색 가방이나 흰색 가방을 들기 바란다. 색과 무게의 관계는 인테리어 코디네이터에도 응용할 수 있다. 천정은 밝은 색으로 하고 벽에서 바닥으로 점차로 무겁게 느껴지는 색을 배치하면 안정감이 생겨서 차분한 인상이 든다.

무거운 볼링공도 밝고 선명한 색을 선택한다면 훨씬 가벼운 느낌을 가질지도 모른다.

1

색에도 무게가 있다

가벼운색

무거운색

흘~흘~

쿵

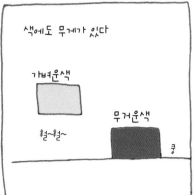

2

예를 들면 흰색은

멀뚱~

100

100

실제무게와 심리적인 무게는 같다

3

이것이 노란색이라면
실제 무게보다

응~

110

10% 무겁게 느껴진다

4

거기에 검정색이라면

파락~

어?

180

80% 정도 무겁게 느낀다

5

그렇기 때문에 벽돌이 검다면···

삐끗!

공사현장은 힘이 든다

6

또 골판지가 검다면

우~끼~

OSARUBIN

퀵서비스 오토바이는 죽음···

🗨 금고는 왜 검은색?

옛날부터 금고는 검은 것이 많다. 회사에 있는 큰 금고도, 영화에 나오는 거대한 금고도 검은 것이 많다. 총무과에 놓여져 있는 작은 금고도 짙은 녹색이다. 이것은 왜 그럴까? 도난방지용 금고는 쉽게 부술 수 없는 구조로 되어 있으며 간단히 들고 갈 수 없도록 무겁게 만들어져 있다. 그러나 물리적으로 무겁게 하는 데는 한계가 있다. 그래서 심리적으로 무겁게 느끼는 색으로 해 놓고, 간단히 들고 갈 수 없을 것 같은 효과를 노린 것이다. 흰색과 검정색에서는 심리적으로 2배 가까운 무게의 차이를 느낀다. 색을 검게 하는 것만으로도 금고의 도난 방지효과를 기대할 수 있다. 금고가 검은 이유는 그런 측면도 있다.

🗨 골판지 색은 왜 연한 갈색?

골판지가 연한 갈색인 것은 재생지를 이용했기 때문이다. 골판지는 재활용이 잘 된 상품이다. 80% 이상이 재활용된 것이다. 그렇기 때문에 그대로의 색은 연한 갈색이다.

그러나 골판지가 연한 갈색인 이유는 그것만은 아니다. 이것도 심리적인 무게와 밀접한 관계가 있다. 최근에는 연한 갈색 골판지에 흰색 골판지가 증가하고 있다. 규모가 큰 이사업체의 오리지널 골판지도 흰색으로 통일되어 있다. 연한 갈색은 무게가 가볍게 느껴지는 색이지만 흰색은 더 가볍게 느껴진다. 흰 골판지를 사용하는 편이 운반하는 사람의 심리적 부담을 경감시켜 준다. 또한 흰색 골판지는 깨끗하여 보는 사람도 좋다. 환경에 좋은 골판지는 사실은 사람에게도 좋은 기능을 가지고 있었던 것이다.

1

흰색 골판지는 가볍고

2

반짝

반짝

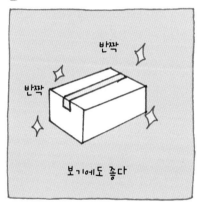

보기에도 좋다

3

피유

그래도 더러워지기 쉽다

4

그래서 신발매 핑크색 골판지

잉?

더러움도 눈에 띄지
않고 가볍기까지하다!

5

또 새로운 색이 잇달아 등장

캐쥬얼한 주황색

그리고 세련된
검정 골판지

눈에 친근한 녹색

6

역시

우끼~

OSARUBIN

퀵서비스 오토바이가 죽어 난다

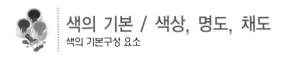

색의 기본 / 색상, 명도, 채도
색의 기본구성 요소

색이 지닌 흥미로운 힘을 간단히 소개했지만 여기에서는 색의 기본을 정리하고자 한다. 예를 들어 '빨강'이라는 색에는 카마인, 마젠타, 마룬 등여러 가지 색이 있다. 이 색을 사용하여 3요소라고 불리는 색의 기본구성요소를 설명하자.

색상

색상은 적·청·황·녹 등으로 불리는 '색조'를 가리킨다. 빨간색에 노란색을 더하면 등색(황적)에 가까운 노랑이 된다. 노란색에 녹색을 더하면 황록에 가까운 녹색이 되어 버린다. 그리고 비슷하게 닮은 색을 나열해가면 색은 원형이 된다. 카마인은 그림 도구로 사용되고 있는 빨간색이다. 이것에 파란색을 조금 더해서 만들어진 것이 적자색인 마젠타이다. 같은 빨간색일지라도 카마인과 마젠타는 색상이 다르다.

명도

명도는 밝기이다. 명도가 가장 높은 색이 흰색이고 낮은 색은 검정이다. 명도를 높인다는 것은 이미지로 말하면 그 색에 흰색을 더해서 밝게 하는 것이다. 카마인에 흰색을 더해서 명도를 높이면 핑크(베이비핑크)가 된다. 카마인과 핑크는 명도가 다르다.

채도

채도는 색이 가진 선명함과 견고함이다. 보다 순색에 가까운 것인지, 회색을 넣은 것처럼 희미하게 보이는 것인지를 나타내고 있다. 카마인에 회색을 더하면 밤색 같은 색, 마룬이 된다. 카마인과 마룬은 채도가 다르다.

색의 기본구성요소

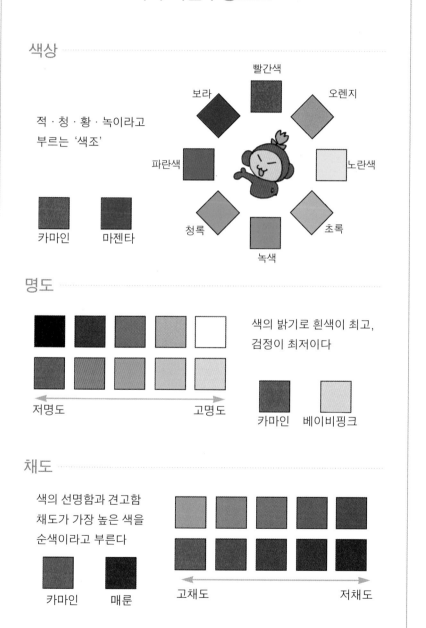

색상

적 · 청 · 황 · 녹이라고
부르는 '색조'

빨간색
보라
오렌지
파란색
노란색
카마인   마젠타
청록
초록
녹색

명도

색의 밝기로 흰색이 최고,
검정이 최저이다

저명도   고명도

카마인   베이비핑크

채도

색의 선명함과 견고함
채도가 가장 높은 색을
순색이라고 부른다

카마인   매룬

고채도   저채도

 # RGB와 CMY

색은 혼합하여 다른 색을 만들 수 있다. 이것을 혼색이라 하며, 기본 3가지 색을 섞어서 만드는 방법이 일반적이다. 색을 섞으면 밝아지거나, 어두워지는 2종류의 혼색법이 있다.

🗨 가법혼색

섞으면 섞을수록 밝아지는 혼색을 가법혼색이라고 한다. 원색은 빨강과 녹색, 파랑이다. Red, Green, Blue의 앞 글자를 가져와 RGB로 나타낸다. 이 색들을 '빛의 3원색'이라고 하며, 이 원리를 이용한 것이 TV화면과 컴퓨터화면이다. 화면 안에서 3가지 색의 발광체가 나와 혼합된 색을 만들어 내고 있다.

🗨 감법혼색

섞으면 섞을수록 어두워진 혼색을 감법혼색이라고 한다. 원색은 녹색과 빨강, 노랑이다. Cyan, Magenta, Yellow의 앞 글자를 가져와 CMY로 나타낸다. 이 색들을 '염료의 3원색'이라고 부르고 있다. 컬러 프린트의 원리이며 인쇄업계에서는 검정(K)을 더한 CMYK가 일반적으로 사용된다. CMY를 섞으면 검정이 되지만 잉크나 종이 때문에 깨끗한 검정을 만들기는 어렵다. 색을 섞으면 원가가 들기 때문에 검정을 별도로 더하게 되었다. 덧붙여 말하면 검정을 'K'라고 부르는 것은 'Black'의 마지막 글자인 'K'가 아니라 검정 잉크만을 사용한 Key plate라고 하는 인쇄판에서 유래된 것이다.

RGB & CMY

RGB (가법혼색)

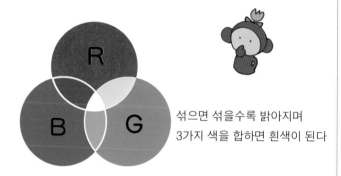

섞으면 섞을수록 밝아지며
3가지 색을 합하면 흰색이 된다

CMY (감법혼색)

섞으면 섞을수록 어두워지며
3가지 색을 합하면 검정색이 된다
인쇄는 검정색(K)을 더한
CMYK가 일반적이다

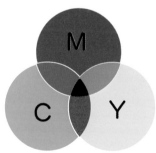

우끼~

검정색은 K?

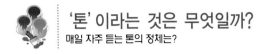

'톤'이라는 것은 무엇일까?
매일 자주 듣는 톤의 정체는?

색에 대해서 이야기를 할 때 '톤이 밝다', '연한 톤으로 마무리'라는 말을 자주 듣게 된다. 그러면 이 '톤'이라는 것은 도대체 무엇을 말하는가? 톤이라는 것은 밝다, 어둡다, 진하다, 연하다, 얕다, 깊다 등 색의 상태를 나타내는 말로써 명도와 채도를 합친 것이다. 예를 들어 '밝은 녹색'이라고 표현하면 이 속에는 '명도'의 밝기와 '채도'의 선명함도 포함되어 있다. 명도 이미지와 채도 이미지를 합한 것이 톤이고, 색상이 변해도 같은 이미지를 얻을 수 있는 것이 특징이다. 예를 들면 '밝은 톤'은 밝고 따뜻한 이미지를 나타낸다. '어두운 톤'은 점잖고 원숙한 이미지가 있다.

패션업계에서도 톤의 개념은 활용되고 있다. 봄 코트 등의 색채는 '밝은 톤'이라고 하는 희미하고 연한 색조이다. 봄의 경쾌한 이미지를 나타내기 위해서는 연한 핑크와 그린, 오렌지, 노랑 등을 사용하고 있다. 색상이 변해도 '귀여운 듯한', '산뜻한', '경쾌한' 등의 같은 이미지를 얻을 수 있기 때문이다.

또 최근에는 도시계획을 할 때에도 톤이 사용되고 있다. 바탕색의 설정에 따라 같은 톤으로 거리의 조화나 이미지를 만들 수 있다. 다양한 컬러를 사용하기 때문에 기업의 컬러를 표현하기 쉽고, 도시의 균형을 맞출 수도 있다. 최근 들어 많은 지방자치 단체가 이 톤을 활용한 도시계획을 시행하고 있다. 이 '톤'은 산뜻하게 표현할 수 있을 정도가 적당하다.

대표적인 톤

vividtone(V)/ 화려한 이미지

채도가 가장 높고 선명하게 보이는 톤
화려한 이미지가 있다. 간판 등에 사용된다

brighttone(B)

밝고 따뜻한 이미지 톤
아이용품 등에 사용된다

strongtone(S)

강하고 깊이가 있어 정열적으로 보이는 톤
패션 등에 사용된다

righttone(L)

산뜻하고 경쾌하고 밝게 보이는 톤
어린이 용품, 화장품 등에 사용된다

dulltone(Dl)

밝지 않고 깊은 맛이 있는 톤
고급품이나 인테리어 등에 사용된다

paletone(P)

경쾌하고, 얇고, 연하여 부드러운 색의 톤
화장품, 어린이 용품 등에 사용된다

darktone(Dk)

고상하고 원숙한 무게가 있는 톤
패션 등에 사용된다

graytone(Gr)

세련되고 차분하고 원숙한 멋이 있는 톤
패션 등에 사용된다

※ 톤 이름, 종류는 각종단체나 색채연구
　기관에 따라 다르기 때문에 주의가 필요

녹색을 상상해 보기로 하자. 신록, 초원의 녹색, 짙은 녹색, 밝은 녹색, 아니면 보석 녹색 중 당신은 어떤 녹색을 상상할 것인가? 녹색이라고 해도 실제로는 여러 색이 있어서 당신이 상상한 녹색과 친구가 상상한 녹색은 상당히 미묘한 차이가 있을 것이다. 그러나 인쇄물 등을 만들 때에는 이처럼 확실하지 않은 상태로는 곤란하다. 그래서 색을 체계적으로 나타내는 색상체계가 필요하게 되었다. 그것이 색채학 분야에서 일반적인 색상체계로서 사용되고 있는 '먼셀색상체계'이다. 이것은 미국 화가이고 미술 강사였던 앨버트 H. 먼셀이 창안하여, 1900년대 초에 발표한 색상체계이다. 먼셀색상체계에서는 색을 나타내는데 먼셀식이라는 수칙을 사용하여 색을 표현한다. 이것을 사용하면 '색상', '명도', '채도'를 수치화할 수 있다. 예를 들면 코발트그린을 먼셀식으로 표현하면 다음과 같다.

5G6/8

코발트그린은 밝고 선명한 녹색이다. 색상은 맨 앞에 숫자와 알파벳으로 나타낸다. '5G'의 'G'는 녹색을 나타내며 녹색의 한 가운데는 5G로 나타낸다. 그 다음 숫자 '6'은 명도를 나타낸다. 명도는 0에서 10까지이며 6은 한 가운데에서 약간 밝아지는 이미지이다. 그리고 그 다음에 있는 '8'은 채도를 나타내는 숫자이다. 이 숫자가 큰 만큼 채도도 높다. 8은 채도가 높은 그룹을 나타내고 있다. 이런 숫자를 이용하여 같은 색을 재현하는 것이 색상체계의 편리함이다.

먼셀색상체계

색상

먼셀색상환에서는 R(적) G(녹)
Y(황) B(청) P(자) 그 중간색을
배합한 10색상부터 구성되어
있다
각 색상은 10개로 나누어져
있고 기호 앞에 숫자가 붙는다

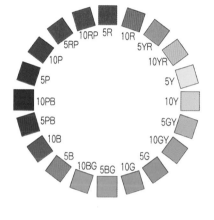

명도 · 채도

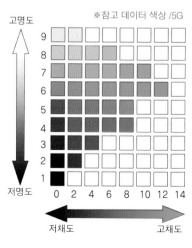

횡축이 채도를 나타내고 종축에
명도를 나타내고 있다
채도 0에 가까우면 채도가
낮아지고 명도가 0에 가까우면
명도가 낮아진다

알고 있으면 편리한 색견본

색을 재현하거나 표시하는데 먼셀수치는 매우 편리하지만 사실은 더 편리한 것이 있다. 그것이 색견본이다. 색견본은 먼셀수치만큼 세심히 재현할 수는 없지만 가장 가까운 색의 컬러칩을 이용하여 색을 재현할 수 있다. 색견본은 컬러칩을 사용하기 때문에 색 이미지를 구별하기 쉽고, 시각적으로 확인하면서 재현이 가능하다. 여기에서는 대표적인 2종류 색견본을 소개하겠다.

☞DIC컬러가이드

그래픽디자인이나 인쇄, 인테리어, 패션 등 여러 분야에서 사용되는 색견본으로 일본에서는 컬러에 DIC번호를 명시하는 것이 일반적이며 표준판은 654색이 수록되어 있다.

☞팬톤(PANTONE)

업계표준의 컬러견본으로 그래픽계의 칩은 물론 텍스타일용이나 플라스틱 컬러가이드 등도 있다. 팬톤그래픽상품은 2005년도에 대부분 색견본장이 개정되어 신판으로 되어 있다. DIC보다도 색 수가 많고 상세한 색의 명시가 가능하다. 세계적으로 사용되고 있으므로 팬톤 색 명시가 바람직할 것이다.

1

색견본은 편리하다

손수건 색은
DIC No4로

4

그렇지만 색견본이 없으면…

뺨색의 핑크로

끼끼~

2

번호지시로

끼끼~

5

………

3

같은 색의 제품이 완성된다

6

트러블이 끊이지 않는다는…

이 시골뜨기

덜덜

01

색채의 신기한 힘

실제보다도 크게 보이는 색이나 작게 보이는 색,
돌출되어 보이는 색, 식욕이 당기는 색 등으로
색은 인간의 감각에 작용하여
실제로 불가사의한 효과를 만들어낸다.
여기에서는 그런 불가사의한 효과를 만들어내는
색의 파워를 소개한다.

따뜻한 색과 차가운 색
심리적으로 따뜻하게 느끼는 색과 차갑게 느끼는 색

색은 따뜻한 느낌과 차가운 느낌을 가진다. 이것은 색채가 가진 심리적 효과 중에서 가장 일반적인 것이다. 빨강이나 오렌지, 핑크는 '난색'이라 하며 불이나 태양의 이미지가 있어서 따뜻함을 느끼는 색이다. 이에 비해 파란색과 녹색, 청록 등은 '한색'이라 하고 얼음이나 물의 이미지가 있어 차가움을 느끼는 색이다. 덧붙여 말하면 사계가 있는 곳에서 생활하는 우리들은 이 난색과 한색의 사용법을 잘 알고 있다. 계절에 따라 인테리어나 패션을 잘 조절한다. 난색이나 한색이라는 말은 몰라도 대부분의 사람은 색에 의한 온도차이의 감각을 가지고 있어 체감온도를 컨트롤하고 있다. 그리고 명도는 난색과 한색의 체감온도에 큰 영향을 미친다. 명도가 높은 색은 전체적으로 시원하게 느끼고, 명도가 낮은 색은 전체적으로 따뜻하게 느낀다. 파란색보다는 물색이 시원한 것처럼 생각되고 핑크보다도 빨간색이 따뜻하게 느껴진다.

이 난색과 한색에서의 따뜻함이나 차가움은 개인차가 크다. 이 개인차는 좋아하거나 싫어하는 차원이 아니라, 이미 경험한 감각의 영향을 크게 받는다. 결국 교육받은 환경에 따라 그 감각이 크게 달라진다는 것을 추측할 수 있다. 눈이 많은 곳에서 생활하고 있는 사람은 한색으로 차가운 물이나 얼음을 연상하여 온도가 낮은 것이라는 이미지를 갖는다. 그래서 한색을 보다 차갑게 느끼는 경향이 있다. 그러나 따뜻한 남쪽에서 살아온 사람은 물이나 해수의 온도가 높기 때문에 한색을 차가운 것이라고 인식하기가 어렵고, 그다지 찬 것이라고도 생각하지 않는다. 한색의 체감온도를 조사해보면 그 사람의 출신지를 알 수 있는 힌트가 된다.

1

색에는 난색과 한색이 있다

2

난색은 색의 이미지에서

따뜻함을 느낀다

3

여름은 옷이 얇아야 할뿐더러

셔츠 색에도 주의

4

파란색 계열이나 흰 셔츠는

색에서도 시원함을 느낀다

5

그래서 우리도 이번 여름의 셔츠
색은 쿨 한 원단(옷)으로

오오~

6

라고나 할까

원숭이는 맨
몸이겠지!

우끼~

괴이! 빨간 선풍기

여름이 되면 등장하는 선풍기. 이 선풍기 색을 주목해 보면 한색계를 중심으로 흰색과 검정, 회색 등의 상품이 주류를 이룬다. 빨간 선풍기는 거의 눈에 띄지 않는다. 시장에 매우 적게 유통되고 있을 뿐 일반적인 것은 아니다. 다양성이 요구되는 시대에 불가사의한 현상이다. 하지만 여기에는 그 만한 이유가 있다. 시원하기를 바라고 사용하는 선풍기가 난색이라고 한다면 따뜻하게 느껴져 시원함을 느끼지 못한다. 빨간 선풍기는 이미지로 따뜻한 바람을 보내기 때문에 실제로는 기능적이지 않다. 그러나 한색계열이나 흰색, 회색 선풍기가 보내는 바람은 심리적으로 시원하게 느낀다.

가장 인간생태학적인 냉난방

난색과 한색의 온도의 차이를 활용하면 심리적으로 온도를 컨트롤 할 수 있어 냉난방기의 사용을 절제할 수 있다. 여름철은 흰 레이스 커텐에 한색계의 커텐을 겹쳐서 방의 인테리어를 한색계로 한다. 그리고 겨울철은 난색으로 바꾸고 카페트와 소파에 난색 커버를 씌우는 등 체감온도를 올리면 좋다. 난색이 한색보다도 효과가 쉽게 나타나는 경향이 있기 때문에 추위를 타는 사람에게는 난색 인테리어를 권하고 싶다. 어떤 실험에서는 한색과 난색 방에서 체감온도가 2~3℃ 차이가 있다는 결과가 나왔다. 한 예로 식당과 공장이 춥다는 고객과 종업원들로부터의 불만을 받아들여 내부의 벽색을 따뜻한 색으로 한 결과 불만이 없어졌다고 한다. 색을 이용한 온도 조정은 자연스러운 인간생태학적인 냉난방인 것이다.

반사하는 색과 흡수하는 색
물리적으로 빛을 반사해서 열을 갖지 않는 색, 흡수해서 열을 갖는 색

난색과 한색은 심리적으로 따뜻함과 차가움을 느끼는 색이지만 실제로 빛을 반사해서 열을 갖지 않는 색과 흡수해서 열을 갖는 색이 있다. 흰색과 노란색, 물색 등 밝은 색은 빛을 반사해서 열을 갖지 않는 색이다. 그리고 검정과 진감색 등은 빛을 흡수해서 열을 갖는 색이다. 어렸을 때 확대경으로 검은 종이에 태양빛을 모아서 불을 붙였던 것을 생각해보기 바란다. 흰 종이에서는 좀처럼 불이 붙지 않지만 검정색에서는 간단히 불이 붙는 것은 이런 이유에서이다.

실제로 가장 많은 열을 가진 색은 검정이다. 그 다음이 갈색 등 짙은 색이며 빨간색, 노란색, 흰색으로 이어진다. 빨간색과 파란색, 녹색 등은 재질이나 명도 차에 의해서도 변화되지만 그다지 차이는 없다. 그 중에서 눈길을 끄는 것은 흰색 목욕가운과 감색으로 된 작업복이다. 감색은 명도가 낮고 짙은 색이지만 열 흡수율이 낮다. 또 흰색은 가장 열 흡수율이 낮기 때문에 흰색 계통의 목욕가운은 이미지뿐만 아니라, 물리적으로도 시원하고 뛰어난 기능을 가진 것이다.

또 여성의 여름 필수품인 양산의 경우 흰 양산은 태양열을 반사하고 열을 흡수하지 않는다. 얼마 전에 TV에서 소개되어 히트 상품이 된 검정 양산은 자외선을 흡수해서 차단하지만 얇은 천에는 역효과를 내는 경우도 있다. 검정은 적외선을 흡수하면서 열을 흡수하는 단점도 있기 때문에 주의가 필요하다. 따라서 일률적으로 검정 양산이 좋다고는 말할 수 없다.

또 우리의 머리카락은 검정이다. 여름철에 밖에 나가면 자외선과 적외선을 흡수해 버린다. 그렇기 때문에 모자 등을 써서 보호해야 하는 것이 필수이다. 특히 남성은 신경을 쓰지 않고 방치해 두면 거울처럼 반사하는 머리가 되므로 주의를 해야 한다.

1

폭염 속에 차를 세워 두면 뜨거워져서 큰 일 난다

2

차 안은 색에 큰 차이 없이 50°C 이상

모락 모락

3

흰 차 표면은 40~50°C

뜨거워

4

검은 차에서는 70°C 이상 되는 것도

우끼~

5

달걀은 70°C 정도에서 굳어지기 때문에

6

반숙도 가능하다

쿨~쿨~

📢 냉장고는 왜 흰색?

냉장고는 흰색이나 파스텔컬러가 대부분이다. 이것은 왜 그럴까? 흰색이나 파스텔컬러는 빛의 반사율이 높은 색이다. 빛을 반사하기 때문에 표면에 열을 갖지 않게 된다. 냉장고 표면이 열을 갖지 않는다는 것은, 쓸데없이 차갑게 할 필요가 없어져 결과적으로 에너지가 절약된다고 할 수 있다. 흰색과 파스텔컬러는 시원한 이미지가 있어서, 물리적이나 심리적으로도 냉장고에는 흰색이나 파스텔컬러가 적합하다.

📢 헬멧이 노란색인 이유

공사현장에서 사용하는 헬멧은 노란색이다. 노란색은 위험을 알리는 색이며, 시인성도 높기 때문에 공사현장에서 알맞은 색채라고 할 수 있다. 그러나 그것만은 아니다. 몹시 더운 여름에 일을 하는 공사현장에서는 빛을 반사하는 색인 노란색으로 머리를 덮음으로써, 열로부터 머리를 지키는 중요한 기능을 하고 있는 것이다.

📢 검은 옷을 입으면 '주름'이 는다?

검은 옷은 몸을 날씬하게 보일 수 있고 누구나 잘 어울리기 때문에 많은 여성들에게 인기가 많다. 그러나 검정만 입는 것은 피부에 좋지 않다. 검정은 빛을 흡수하는 색이기 때문에 여름철은 숨막힐 듯이 덥고 옷 속은 무더워 진다. 그리고 자외선을 포함한 모든 빛을 차단하기 때문에 피부에 빛이 거의 전달되지 않는다. 이런 상태가 지속되면 주름이 늘고 피부노화가 촉진된다.

1

노란색이나 흰색은
열반사율이 높다

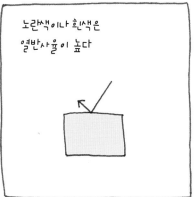

2

그렇기 때문에 노란색이나
흰색은 헬멧으로 좋다

3

햇볕으로부터
머리를 지켜준다

4

노란색은 아이들 모자로도
사용되고 있다

5

멀리에서도
보이기 때문에

우끼!

6

위험도 피하게
해 주지만

꽹!!

위험하다!

반드시…

팽창색과 수축색
크게 보이는 색, 작게 보이는 색

팽창색과 수축색이라고 하는 말을 들어본 적이 있을 것이다. 빨간색과 오렌지, 노랑과 같은 난색 계열의 색은 실제보다도 크게 보이는 색이다. 파란색과 청록 같은 한색 계통의 색은 작게 보이는 색이다. 이 크기는 색상만이 아니라 명도가 중요한 역할을 하고, 빨간색일지라도 핑크처럼 명도가 높은 색은, 팽창색으로서 보다 크게 보인다. 역으로 수축색은 한색 중에서도 명도가 낮은 색이다. 감색처럼 명도가 낮은 색이 작게 보이는 수축색이다. 명도가 없는 검정도 수축색의 대표격이다. 겨울철이 되면 검정 스타킹을 신고 있는 여성을 보고 '저 사람은 의외로 다리가 가늘다'라고 생각했다면, 그것은 색채의 마술에 빠졌다는 증거이다. 색채심리를 훌륭하게 활용한 예라고 할 수 있다.

또 수축색을 잘 사용하면 날씬해 보인다. 한색계의 저명도, 저채도의 옷을 잘 매치시켜 보기 바란다. 특히 하반신에 사용하면 훨씬 수축되어 조여 보인다. 쟈켓의 앞을 열고 검정 바지와 검정 이너를 매치시켜도 효과적이다. 상반신과 하반신이 하나로 연결된 세로의 검정 라인은 날씬하고 말라 보인다. 단, 검정은 말라보이는 색이라고 생각하고 위에서부터 바지까지 검정 일색으로 마무리하는 것은 엄숙한 복장이 될 우려가 있어 그다지 좋지 않다. 검정 바지에 흰 셔츠라는 공식에서 흰 바지에 검정 셔츠로 바꾸어도 날씬하고 모던하게 보인다. 흰 바지에 흰색 셔츠를 입고 검은 셔츠를 걸쳐 입는 것도 효과적이다.

인테리어에서도 팽창색과 수축색을 잘 조절하기 바란다. 핑크 등 난색 소파는 방에 두면 장소를 차지하고 있는 듯한 압박감을 느낀다. 검정 계열 소파는 작게 보이는 특징이 있다.

1

색에는 팽창색과 수축색이 있다

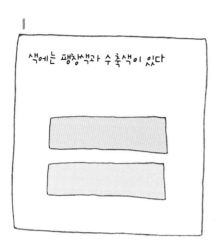

4

수축색을 잘 이용한 모델

2

차가운 계통의 색은 작게

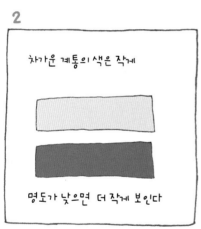

명도가 낮으면 더 작게 보인다

5

매우 날씬하게 보이지만 실은
색의 효과

잘가

수고했어

우끼~

3

이것을 응용하면

날씬하고 말라 보인다

6

옷을 벗으면… 대단해

출렁출렁

철퍼덕

그런 모델은 실제로 있다

💬 다케다군단의 색채군단

지금부터 훨씬 옛날 전후시대에도 색채심리를 활용해서 싸움을 유리하게 이끈 무장이 있었다. 이 무장은 지장으로서 명성이 높은 다케다유신겐이며, 갑옷과 마구, 모든 병기를 주홍색으로 칠한 '아카조나에' 군단이다. 이 것은 적·아군의 판별과 위협이 목적이라고 알려져 있지만, 팽창색인 빨간군단은 실제보다 크게 보여 적에게 상당한 위압감을 주었다고 추측할 수 있다. 그 밖에도 사나다가의 '사나다아카조나에'나 다케다를 흉내낸 이이나오마사 아카조나에도 유명하다. 많은 설은 있지만 전국시대에는 아카조나에 이외에도 흰색조나에, 노랑조나에, 검정조나에, 감색조나에 등 색채전략이 있었던 것 같다. 반대로 검정, 감색은 수축색의 대표이다. 밤에는 눈에 띄지 않고 적이 눈치채지 못하게 접근해 간다는 전략이 있었을지도 모른다.

💬 프랑스 국기에 숨겨진 비밀

프랑스 국기는 파랑, 흰색, 빨강으로 된 3색기이다. 파란색은 '자유', 흰색은 '평등', 빨간색은 '박애'를 나타내고 있다. 이 3색은 이전에는 37 : 30 : 33이라는 비율로 구성되어 있었다. 팽창색인 흰색을 억제하고 수축색(후퇴색)인 파란색을 크게 하지 않으면 평등하게 보이지 않기 때문이다. 그런데 이 때문에 '자유'에 치우친 나라가 되었다고 생각한 것인지, 1946년 헌법에서 등분할 것을 결정하였다. 그 후, 1958년 개정에 의해 '균등' 문자는 없어졌지만 지금까지 3등분의 원칙은 지켜지고 있다. 색채효과가 나라의 헌법도 움직인 재미있는 예라고 말할 수 있다. 덧붙여 말하면 이탈리아 국기는 녹색, 흰색, 빨간색으로 되어 있다. 녹색은 팽창색도 수축색도 아닌 중립색이기 때문에 프랑스 국기처럼 비율을 바꾸지 않아도 비교적 균등하게 보인다.

1

색채를 잘 아는 무장이 있었다

빠아아앙~

2

빨간 군대를 이끌었다

피효하

다케다신겐이다

3

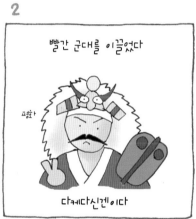

우끼

그래서 우리 군대는 노란색으로 통일하지 않으면

4

응?

영주님! 노란색에는 어떤 효과가?

5

바나나를 생각하고 모두 행복하지!

6

팽창색으로 상대를 위협하는 거 아닙니까?

진출색과 후퇴색
돌출되어 보이는 색, 뒤로 들어가 보이는 색

팽창색과 수축색이 크게 보이기도 하고 작게 보이기도 하는 색이라면 색에는 같은 모양으로 돌출되어 보이는 진출색과 뒤로 들어가 보이는 후퇴색이 있다. 진출색은 빨강과 오렌지, 노란색 등의 난색이고 채도가 높은 색이며, 후퇴색은 청자 등의 한색계이고 저채도의 색이다.

이 진출색과 후퇴색은 여러 분야에서 활용되고 있다. 간판에 빨간색이나 오렌지, 노란색 등의 색이 많이 사용되는 것은 눈에 띄는 색이라는 것과 동시에 진출색을 사용함으로써 멀리에서도 튀어 보이게 하려는 목적이 있기 때문이다. 같은 장소에 빨간 간판과 파란 간판이 있을 때는 빨간 간판이 가까이 있는 것처럼 보인다. 상품을 소개하는 전단지 등에도 진출색을 활용해서 광고지 게재기간이나 가격 등 중요한 사항은 노란색이나 빨간색으로 크고 튀어 보이게 하려는 연구를 하고 있다. 싼 금액이 눈을 고정시키기 때문에 언제까지나 눈에는 임팩트가 남아 있다. 또 공장에서는 효율적인 작업을 위하여 여러 가지 연구가 이루어지고 있다. 벽을 난색, 한색으로 바꿔 칠하고 온도조정을 꾀하고, 진출색이나 후퇴색을 써서 작업자에게 압박감을 주지 않도록 배려한 것이 그것이다. 이것은 밝은 색조를 써서 넓게 보이고 혼잡함을 주지 않는 작업장의 작업효율이 오른다고 알려져 있기 때문이다.

메이컵 세계에서도 진출색과 후퇴색을 사용하여 입체적인 얼굴을 만드는 데 도움이 되고 있다. 입체감이나 깊이를 나타내는 새도우 컬러는 후퇴색을 사용한다. 꽃을 배열할 때도 가까운 쪽에 진출색인 빨강이나 오렌지색 꽃을 놓고 안쪽에 청색계의 꽃을 놓아 깊이를 느끼게 하는 어레인지먼트 만들기 등에 활용되고 있다.

1

색에는 진출색과 후퇴색이 있다

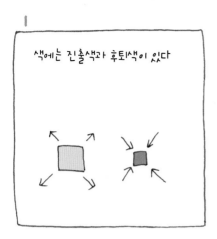

2

진출색은 튀어 나와 보인다

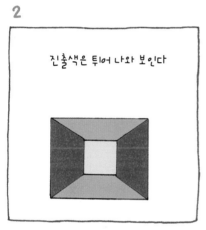

3

후퇴색은 들어가 보인다

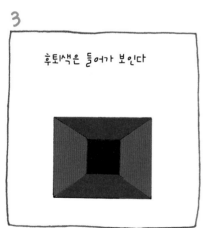

4

후퇴색을 잘 활용하면

방이 넓어진 느낌이 든다

5

그렇기 때문에

뭐야?

6

벽이 무슨 색인지 확인해 보자

이게 뭐지?

파란색 차는 사고율이 높다

외국의 데이터이지만 사고율이 높은 자동차 색은 파란색이 가장 많다. 그 다음으로 녹색, 회색, 흰색, 빨강, 검정 등이다. 후퇴색인 파란색은 실제 위치보다도 뒤에 있는 것처럼 보이기 때문에 다른 차와 충돌하기 쉬운 특징이 있다. 또 사고를 당한 차뿐만이 아니라 사고를 일으킨 차 전체를 조사한 다른 통계결과에서는 검정 차의 사고율이 높다고 기록되어 있다. 차 사고는 여러 요인이 겹쳐서 생기기 때문에 차의 색과 사고와의 인과관계는 확실히 설명할 수 없다. 또 시간대에 따라 자동차색은 다르게 보인다. 그러나 색의 시인성이나 진출색, 후퇴색이라는 성질에 의한 사고율의 차이는 확실하다. 교차점 등에서 달려오는 파란색 차, 특히 고속도로에서 전방에 있는 파란색 차 등은 주의해야 한다.

방을 넓게 보이는 요령

진출색을 잘 활용하면 방을 넓어 보이게 할 수 있고 넓게 느낄 수 있다. 특히 중요한 것은 명도이다. 명도가 높은 색은 전체적으로 넓어 보인다. 압박감이 있는 낮은 천정에는 물색 등 고명도의 한색을 쓰면 실제보다도 높게 느낄 수 있을 것이다. 좁은 벽에는 고명도인 후퇴색을 씀으로써 실제 벽의 위치보다도 뒤로 들어가 있는 듯이 보인다. 반대로 좁고 길게 만들어진 벽에는 진출색을 사용함으로써 벽을 훨씬 가깝게 느낄 수 있을 것이다. 화장실이 흰색이나 오프화이트계로 되어 있는 것은 청결감이나 밝기를 나타내고 있을 뿐만이 아니라 방을 넓어 보이게 하는 컬러를 써서 압박감을 없애는 것이다.

1

파란색 차는 사고율이 높다

4

검정 차는 그런대로 안심

2

파란색은 후퇴색이므로 실제의 위치보다도

뒤에 있는 것처럼 보인다

5

검정 차에 부딪치면 큰일이라는 것을

빵!

3

그렇기 때문에 교차점 등에서 자주 부딪친다

끼익~

빵!

6

잘 알고 있다

형님 대단한 배짱이네요

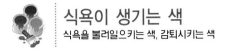

식욕이 생기는 색
식욕을 불러일으키는 색, 감퇴시키는 색

색에는 보고만 있어도 식욕이 생기는 '식욕색'이 있다. 빨강, 오렌지, 노랑 등 선명한 색이 식욕을 불러일으킨다. 과일에서는 빨간색이나 오렌지색과 야채류의 녹색, 구운 고기 속에서 보이는 빨간색, 사시미와 잘 어울리는 시소잎, 소고기 덮밥과 함께 나오는 진한 주홍빛 생강 등, 사람은 선명한 색을 보면 식욕이 생긴다. 역시 식욕색과 색채의 관계는 과거의 경험에서 느낀 식재료의 기억에서 온 것이 많다. 특히 일본인은 다른 나라 사람보다도 복잡한 식욕색을 가지고 있다. 밥이나 우동의 흰색, 검정깨나 김 등의 검은색에 이르기까지 여러 가지 색의 식재료를 먹기 때문에 광범위한 식욕색을 가지고 있다. 식욕이 생기는 색은 기본적으로 식품의 재료가 연상되는 색이다. 빨강이나 오렌지가 가장 높고, 자주색이나 황록색은 식욕을 억제하는 색으로 알려져 있다.

이 식욕색은 식재료뿐만 아니라 먹는 장소의 컬러나 조명도 중요하다. 특히 요리를 담는 접시를 선택하는 것이 중요하다. 특히 일본은 접시 등 그릇을 만드는 기술과 색채 감각이 뛰어나 예술로서도 인정받고 있다. 접시에 흰색이 많은 것은 흰색이 식재료를 돋보이게 하는데 가장 뛰어난 컬러이기 때문이다. 또 식재료에서 그다지 볼 수 없는 파란색은, 식재료를 돋보이게 하는 색으로 뛰어나다. 흰 바탕에 파란 무늬 접시를 자주 볼 수 있는 것도 이 때문이다. 그리고 일식에서는 검정 그릇을 사용한다. 이것은 요리의 대조를 눈에 띄게 하여 요리를 보다 더 돋보이도록 하기 위해 고안되었기 때문이다. 또 검정은 일식의 깊은 맛을 미묘하게 느끼게 하는 효과도 있다.

1

식욕색이라는 것이 있다

2

빨간색·노란색·녹색 등의 색은

식욕을 당기게 한다

3

반대로 황록색이나 보라색은

식욕을 감퇴시킨다

4

이것을 응용하면

다이어트 메뉴를 만들 수 있다

5

감자 등을 이용한 메뉴로

식욕을 억제하는 효과도…

6

그러나 과도한 효과를 기대하고

잘 부탁해

꼭 빼고
말거야!

보라색을 잘못 사용하면 안 된다

🗨 홍등은 왜 빨갛지?

이자까야(대중적인 술집 – 역주)나 술집 등에 늘어서 있는 '홍등'. 퇴근길의 샐러리맨에게 홍등은 그냥 지나칠 수 없는 매력이 있는 것 같다. 여기에는 확실한 이유가 있다. 홍등은 멀리에서도 눈에 띈다. 그리고 빨강은 사람의 행동을 유도하는 색이기도 하다. 왠지 모르게 마음이 가볍지 않은 상태에서 집으로 돌아가는 길에 빨강이 눈에 들어오면 그대로 돌아가는 것이 아까워 뭔가 행동을 하고 싶어한다. 빨강은 부교감신경을 자극하는 색이다. 위장의 움직임을 활발하게 해 주어 자연스럽게 식욕이 생긴다. 또 사람은 취하면 빨간색에 잘 반응한다고 알려져 있다. 특히 취한 사람은 홍등에 더 끌린다. 사람은 취하기 전에도 홍등에 매혹당하고, 취하면 더 더욱 홍등으로부터 빠져나갈 수가 없다. '홍등'으로부터 이미 도망칠 수 없다.

🗨 음식점에서 사용해서는 안 되는 색

최근 이자까야나 레스토랑의 홀을 꾸밀 때 테이블 아래서 노란색 조명을 비추는 곳이 있다. 실내는 노란색 조명으로 인하여 비일상적인 공간이 되어버려 주 요리는 돋보이지 않는다. 노란 백라이트로 인하여 사시미나 육류가 모두 청자색으로 보여 전혀 맛있게 생각되지 않는다. 노란 조명이나 벽은 어두운 파란색이나 청자색 등의 보색을 만들어 낸다. 이것은 청자색 안경을 쓰고 식사를 하는 것과 같다. 식욕색을 고려하지 않아서 점포를 꾸미는데 실패했다고 말할 수 있다.

1

홍등인 빨간색

2

빨간색은 위장을 자극한다

닭꼬치

3

행동도 바꾼다

닭꼬치

어서 오세요

닭꼬치 부탁해,

4

취하면 빨간 색에 더 끌린다

퓨전술집

5

게다가 취해서 빨간 색에 또 끌린다

테마주점

우끼

6

오늘도 또

RAMBO2

홍등의 희생자가…

사람을 잠으로 유인하는 색
사람을 잠으로 유인하는 색, 잠을 깨게 하는 색

파란색은 사람을 잠으로 유인한다. 파란색은 사람의 혈압을 내리고 긴장감을 없애는 진정작용을 한다. 좀처럼 잠들지 못하는 사람, 잘 수 없는 사람은 파란색을 보는 것이 좋다. 방을 파란색으로 꾸민다면 잠들기 쉽지만 그렇다고 방을 과도하게 파란색으로 꾸미는 것은 바람직하지 않다. 여름철은 좋지만 겨울은 몸이 차가워져 화장실을 자주 가게 될 것이다. 어느 일정량의 파란 계통의 색이 늘어나면 고독감을 느끼기도 한다. 자연스럽게 몸의 긴장감을 풀고 잠을 잘 수 있도록 하기 위해서, 방은 진한 파란색 컬러를 중심으로 흰색이나 오프화이트를 매치하면 좋다. 파란색 이외에도 녹색 중에도 수면을 도와주는 색이 있다. 파란색이 육체적으로 몸을 쉬게 하는 효과가 있는 반면, 녹색은 마음속에서 치유를 느끼고 편안해 져서 결과적으로 수면으로 연결된다. 또, 난색계 등은 잠을 깨는 색이지만 연한 난색은 파란색과 같이 잠으로 이끄는 색이다. 백열등이나 간접조명인 따뜻한 오프화이트, 편안함을 느끼는 연한 오렌지색 조명은 사람을 잠으로 유인한다.

반대로 잠이 깨지 않을 경우는 채도가 높은 빨간색을 보는 것이 좋다. 빨간색은 사람을 잠에서 깨게 하는 색으로 몸에 긴장감이 증가하여 혈압이 상승한다. 잠을 깨는 상품 대부분은 '블랙커피' 같은 검은색 컬러를 연상한다. 그러나 잠을 깨는 것이라면 빨간색 포장이 효과적이다. '아침전용'이라고 강조하고 있는 캔커피는 빨강 계통의 색이다. 실은 이 형태가 잠깨는 효과를 가장 기대할 수 있다. 커피의 카페인이 뇌에 자극을 주어 머리를 활성화시키고 고채도인 빨간색은 긴장감을 더욱 고조시켜 잠을 깨도록 촉진해 주는 뛰어난 이중 구조로 되어 있다.

1

파란색에는 진정작용이 있다

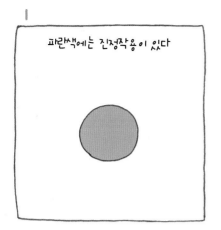

2

그 때문에 파란색을 보면 잘 잘 수 있다

쿨~쿨~

3

그래서 우리들은
아침전용
커피에 맞서

4

느긋하게 잠
잘 수 있는 파란
색 '밤전용커피'를
개발했다

와~와

5

꿀꺽   꿀꺽

엇?
밤커피?

6

아침?

번쩍!

그럼 그렇지

🗨 이불은 왜 흰색이나 파란색인가?

이불이라면 흰색 컬러를 떠올린다. 흰색 이불은 청결한 느낌도 있고 기분 좋게 잠으로 이끌어 준다. 색이 있는 이불도 있지만 주로 산뜻한 블루, 연한 블루가 많고 아이보리나 다른 연한 색이 있는 정도다. 왜 그럴까? 만약 이불이 진홍색이라면 혈압이 오르고 감정이 고조되어 좀처럼 잠들기 어렵다. 이불은 편안하게 잘 수 있는 효과가 있어야 한다. 그렇기 때문에 진정작용이 있는 파란색을 중심으로, 편안한 느낌을 줄 수 있는 연한 색이어야 한다. 이불에 복잡한 무늬가 있는 것이 좋지 않은 것도 이 때문이며, 안정감이 있어 편하게 잘 수 있는 단색이 좋다. 눈을 감고 있기 때문에 색은 관계없다고 생각할지 모르지만 사실은 피부도 색을 느끼고 있다. 보고 있는 것과 같은 효과가 있기 때문에 눈을 감아도 알 수 있다.

🗨 잠과 조명의 관계

조명과 수면은 깊은 관계가 있다. 조명은 '멜라토닌'이라는 호르몬 분비에 영향을 준다. 멜라토닌은 사람을 자연스럽게 잠으로 유도하는 호르몬으로 수면뿐 아니라 생태리듬의 개선, 면역력이나 저항력을 높이는 효과도 있다. 보통은 밤에 분비되지만 청백색 형광등 빛을 받으면 분비가 억제된다. 밤시간의 거실이나 침실은 멜라토닌이 영향을 받지 않는 백열등이나 부드러운 노란색, 오프화이트 조명이 좋다. 반대로 말하면 시험공부를 벼락치기로 하거나 아침까지 일이 밀려 있어서 잠을 자면 안 될 때에는 형광등 방에서 공부를 하거나 일을 하는 것이 좋다.

1

이불은 파란색이나 흰색이 많다

4

파란 이불이 좋을지도 모른다

2

파란 이불은 사람을 잠으로 이끌어준다

5

파란색에는 편안히 쉴 수 있는 효과가 있고 푹 잘 수 있기 때문에

3

그렇기 때문에 빨간색 계열의 이불로 잠이 잘 오지 않는 사람은…

6

와이프보다 빨리 자도록

드르렁~

벌떡!

02
색채심리학과
실천

색채심리학이란 도대체 어떤 학문인가?

색채심리는 어떤 흐름 속에서 나타나고 활용되어 왔는가?

색채의 역사를 간단하게 살펴보면서

실제로 색채심리가

활용되고 있는 현장이나 그 예를 소개한다.

색채심리학이라는 것은
색과 마음의 움직임을 알면, 인생이 더욱 즐거워진다

심리학은 마음의 변화를 연구하는 학문으로서, 사람의 행동을 과학적으로 탐구하는 것이다. 심리학에는 교육심리학을 비롯하여 범죄심리학이나 산업심리학, 교육심리학 등의 분야가 있고 여러 각도에서 연구가 이루어지고 있다. 그 중에서 색채심리학은 색채를 통해서 과학적으로 마음의 움직임을 탐구하려고 하는 것이다. 심리학 분야로 정식 인정을 받고 있는 것은 아니지만, 색채를 통해서 사람의 변화를 알고, 여러 가지 마음의 문제를 해결하는데 도움이 되고 있다. 색에 의해서 사람이 어떤 영향을 받는지 안다면, 색에 의해서 현혹되는 일이 적어지게 되고, 더욱 효과적으로 색을 콘트롤할 수 있다. 또 어느 색을 좋아하고 어떤 색을 싫어하는지에 따라서 마음이 갖는 기본적인 성격도 알 수 있다. 사람과 색의 관계를 자세히 안다면 사람 그 자체의 행동이나 성질이 보인다. 또한 색을 사용해서 누군가 그 밖의 사람의 마음을 움직일 수도 있다.

최근 몇 년 동안 색채심리에 대한 인지가 현저하게 높아지고 많은 분야에서 색채심리학을 활용하게 되었다. 예를 들면 점포가 사람을 효율적으로 끌어 모으고 판매를 촉진시켜 회전율을 올리는 등에 활용되고 있다. 상품 패키지 컬러링은 상품의 이미지 상승과 구입의 동기부여에 활용되고 간판이나 전단지에도 침투하고 있다. 당신은 모르는 사이에 색채심리에 움직여지고 있는지도 모른다.

색채가 사람에게 주는 효과는 실로 복잡하고, 여러 가지 효과가 서로 섞여 전해지는 것이 많다. 영향을 받는 것도 개인차가 크다. 그렇기 때문에 색채심리는 재미있다. 색과 마음의 움직임을 알게 되면 보이지 않던 것도 보이면서 인생이 더욱 즐거워질 것이다.

1

색채심리는
색이 사람에게 어떤 영향을 주는지

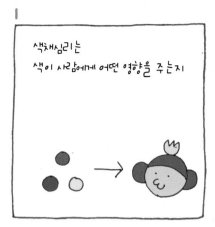

2

사람은 어떤 때 어떤 색을
요구하는지 연구하고 있다

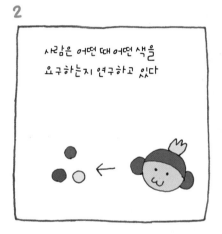

3

신부가 입장하는 결혼식장의 카펫은
왜 빨간색일까?

4

축하하기 위해서가 아니라 하루에도
몇 쌍이나 처리하기 때문에

5

빨간색은 시간을 느긋하게 하는
색이므로 서둘러 식을 진행해도
만족스럽게 느낀다

졸~
졸~

6

그런 것을 알면 색이 더 재밌어진다

돈을 많이
벌 수 있어

아플 때도~

응

북미 인디언이 남긴 벽화나 스페인 동굴벽화, 옛 고분에 남겨진 장식품 등을 보면 인류는 옛날부터 색에 어떤 의미를 갖고 사용하였다는 사실을 알 수 있다. 그 색의 의미에는 미술이나 예술은 아니고 더 주술적인 배경이 있었던 것 같다. 고대 이집트 유적에서는 8색 정도의 구분이 있는 팔레트도 발견되었다. 고대 그리스인이 사용했던 배색에는 배색이론이 존재하고 있었으며 인류는 옛날부터 주변에 있는 색채를 활용하고 있었다.

색에 대한 연구는 기원전 500년경에 아리스토텔레스 등의 철학자에 의해서 시작되었다고 한다. 르네상스 시대에는 레오나르도 다빈치가 책 속에서 색채의 조화와 보색효과 등 색의 신기한 효과에 대해서 상세하게 말하고 있다.

그리고 1666년 아이작 뉴턴이 빛에서 7색으로 된 스펙트럼을 발견하며 색채라는 것은 빛의 다른 파장이라는 것을 밝혔다. 한편, 요한 볼프강 폰 괴테는 색이 인간의 감정에 어떤 영향을 주는지에 주안점을 둔 정신적인 색채이론을 1810년에 발표했다. 이것은 현재 색채심리의 기초가 되고 있다. 또한 괴테는 장년색채 연구에 몰두하면서 뉴턴의 과학적인 색채이론은 철저하게 부정했다. 시인으로 유명한 괴테였지만 사실은 색채연구가로도 활동하고 있었다.

그 후 색은 많은 연구자들에 의해 계속 연구되어 왔다. 20세기가 되어 알버트 H. 먼셀과 빌헬름 오스트월트에 의해서 색채 시스템이 확립되고 현재 활용되고 있는 색상체계가 탄생했다. 그러나 본격적인 색채심리가 연구된 것은 최근의 일이며 아직은 새로운 학문이다.

1

옛날부터 색은 연구되어 왔다

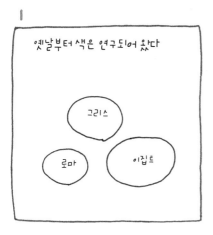

2

다빈치가 연구하고

3

뉴턴이 해석하고

4

괴테를 따라서 깊이 들어가 보면

5

먼셀에 의해서 완성된 색상론은

6

현대에 훌륭하게 활용되고 있다

아이와 색채심리
아이가 그린 그림의 비밀

그러면 실제로 색채심리가 어떤 형태로 이용되고 있는지를 소개하고자 한다. 아이가 그린 그림은 아이의 심리상태를 비추는 거울이다. 아이의 그림을 통해서 아이의 성격판단이나 심리상태를 연구하는 심리학자도 많고 색채심리적으로 아이의 심리에 접근하기도 한다. 아이의 감성은 풍부하여 본 그대로 그린다고 단정할 수 없다. 산을 녹색, 바다와 하늘을 파란색으로 칠하지 않고 빨간 산과 녹색의 바다 등, 자유스러운 발상으로 다채로운 색채를 사용한다. 그러나 태양을 회색으로 칠하고 사람의 얼굴을 보라색이나 검정으로 칠하는 경우는 무언가 문제를 가지고 있다는 신호인지도 모른다. 사람의 피부색이나 태양색에 자기의 기분을 투영하는 아이는 많은 것 같다. 어떤 색을 어떻게 사용할 지, 무엇에 대해서 어떻게 칠한 것인 지 등도 중요하다.

대부분의 아이는 오렌지색과 빨간색, 노란색 등 난색계의 색을 좋아한다. 자유스럽게 자신의 기분을 밝은 색으로 표현한다. 그런데 규율이나 엄한 가정교육으로 억압된 어린이들은 한색계를 사용하게 된다. 오렌지색이나 빨간색, 노란색 등 난색계도 사용방법이 극단적이라면 반드시 좋다고는 할 수 없다. 과도하게 빨간색을 사용하는 것은 적의에 넘쳐있거나 애정에 굶주린 아이들에게 자주 볼 수 있는 현상이다. 노란색을 과다하게 사용하는 경우도 애정이 결핍되어 있기는 마찬가지이다. 또 검정이나 자주색은 정신적인 트러블이나 육체적인 장애가 있을 때에 나타난다. 이런 색을 자주 쓰는 경우 부모는 주의해서 아이를 볼 필요가 있다.

문제가 되는 것은 무슨 색을 사용했는지가 아니고 무슨 색을 어떻게 사용했는지이다. 감성이 풍부한 아이가 하는 것이기 때문에 다소 일상과 다른 색을 칠했다고 해서 아이의 정신상태를 우려할 필요는 없다. 아이들의 자유스러운 감성을 소중하게 여겨주기 바란다.

1

아이의 그림은 아이의 마음을
나타낸다

2

밝은 색을 써서 자유스럽게
표현하는 것이 보통

3

한색계 그림은 엄한 가정교육을
받은 아이들에게서 볼 수 있다

4

지나친 노란색은 애정을 필요로
하고 있다고 말할 수 있다

5

항상 검정이나 보라색 얼굴을
그리면 주의!

6

뜻밖의 사실을 알 수도…

마중 나왔어

그림하고
같잖아

아버지다!

아이와 색채심리
아이 방은 한색 계열이 좋다

아이는 형태를 인지하기 전에 색을 인지한다. 붉고 둥근 모양의 것과 같은 것을 집는 실험을 하면 아이는 둥글고 녹색형인 것 대신 붉고 네모난 것을 고르는 경향이 있다. 이러한 경향은 나이를 먹으면서 변화해서 초등학교 고학년이 되면 대부분의 아이들이 색보다도 형태를 동일하다고 인지하게 된다. 색은 아이에 따라서 형태보다도 중요한 의미를 갖는다. 그렇기 때문에 아이에게 선명한 색을 많이 보여주고 선명한 옷을 입히는 것이 좋다.

또 아이들이 많은 시간을 보내는 방이나 교실 벽의 색이 중요하다. 아이의 집중력을 높이고 싶다면 한색 계열의 방을 권한다. 파란색은 구심력을 높이고 집중력을 갖는 색이기 때문에 공부하기에는 뛰어난 효과를 나타낸다. 벽색을 전체적으로 파랗게 칠하면 매우 추워보이는 느낌을 주기 때문에 커텐이나 카페트 등으로 한정시키고 전체량은 억제하는 것이 좋다. 벽은 베이지 계통의 안정된 색도 좋다. 편안한 효과를 기대할 수 있기 때문에 아이들의 자유로운 발상을 촉진시킨다. 또 벽은 단색보다도 기하학적인 무늬나 추상적인 무늬가 있는 것이 좋다. 아이들의 상상력이 풍부해진다. 저자도 어렸을 때 방에 있었던 이상한 무늬를 항상 보면서 여러 가지 것을 상상했었다. 또 난색 벽도 사용법에 따라서 나쁘지 않다. 어느 독일인 연구가의 보고에 의하면 초등학교의 벽색을 오렌지색으로 했더니 아이들이 사이좋게 지냈다고 한다. 나무 책상은 아이들의 정서교육에 도움이 된다. 아름다운 것을 아름답게, 즐거운 것을 즐겁게 솔직히 표현할 수 있고 감정을 풍부하게 표현할 수 있게 된다. 조명은 형광등보다도 백열등이 좋다. 형광등은 아이를 무기력하게 하는 경향이 있는 것 같다.

1

아이의 방은

4

파란색은 집중력을 높인다

오도독~ 오도독~

2

베이지나 흰색 계열로
정리해주면 좋다

5

신진대사도 좋게 한다고
알려져 있다

아이의 방에 흰색은 좋다

3

베이지는 편안한 색

6

하지만 흰색은 뚱뚱해질 수도 있다

쩝쩝 와구와구~

그 간식!

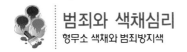

범죄와 색채심리
형무소 색채와 범죄방지색

색채심리는 범죄를 방지하고 억제하는 수단으로도 주목을 받고 있다. 예를 들면 미국의 캘리포니아주에 있는 산타크라라시 형무소에서는 무기질 벽색을 진하고 부드러운 핑크로 바꿔 칠했더니 수인끼리의 싸움이나 폭력 발생률이 내려갔다고 한다. 진한 핑크는 사람의 기분을 온화하게 만들고 긴장을 풀어주는 효과가 있다. 이 경우, 붉은 기가 그다지 강하지 않은 핑크를 사용하는 것이 포인트다. 붉은 기가 강해지면 성인남성의 감정을 흥분시키기 때문에 역효과가 생긴다.

최근 형무소 내 수형자의 의복과 이불색이 바뀌게 되었다. 대학교수와 색채심리학자의 감수에 의해 어두운 색 옷은 밝은 색이 되고, 오렌지색과 녹색 줄무늬는 눈이 초롱초롱해지거나 강한 색인 오렌지색은 좀처럼 잠들기 어렵게 하기 때문에 오렌지색과 녹색 줄무늬 이불도 바꿨다. 회색 형무소 이미지도 밝게 되었고, 갱생을 맹세한 수형자들의 건전한 정신상태를 만드는 데도 도움이 될 것이라고 기대하고 있다.

오오사카시 아사히구에 있는 상점가에서는 파란색의 방범등이 점등되어 있다. 파란색의 감정진정효과를 목표로 한 시책이다. 파란색에는 공격적인 감정을 억제하는 성질이 있다. 또한 파란색 방범등은 백색 방범등보다도 빛이 멀리까지 가기 때문에 범죄를 억제하는 효과를 기대할 수 있다. 빈집 피해와 자전거 도난이 많았던 상점가였지만 파란색 방범등이 도입된 뒤로는 감소되었다고 한다. 이 같은 시도는 전국으로 퍼졌고 비록 본격적인 검증은 지금부터이지만 각 지방자치 단체에서는 일정한 효과를 거두고 있다.

1

색채심리는 범죄억제에도
효과가 있다

2

형무소에서는 벽을 핑크로 했더니

3

싸움이 적어졌다

4

상점가에서는 파란색 방범등으로
범죄감소

5

그래서 우리 집에서도 파란색
조명과 핑크색 벽지로 바꿨다

6

그다지 효과가 없었다

왜 벽지를 바꿔?

우끼~

기업과 색채심리
기업과 이미지

대부분의 기업이 좋은 이미지 확보에 열을 올리고 있다. 기업이 내놓는 상품은 그 기업의 이미지에 따라 매상이 크게 변동되기 때문이다. 맥주 등의 상품은 '맛'이라는 차별화를 도모할 수 있지만 의약품 등은 성분이 거의 같은 상품도 있다. 이 같은 경우는 기업의 이미지가 크게 좌우한다. 기업 이미지는 CM이나 평소의 기업활동 등 여러 가지 것이 쌓여서 사람들 마음속에 자리 잡아 간다. 좋은 이미지를 갖는 것은 시간이 걸리지만 나쁜 이미지가 만들어 지는 것은 한 순간이다. 그리고 기업이 항상 보여주는 이미지로는 로고마크와 로고타입, 기업컬러가 있다. 기업은 마크나 색 속에 전하고 싶은 이미지를 넣어서 광고를 한다.

그리고 기업의 비주얼 이미지 속에 기업컬러가 담당하는 역할은 크다. 색은 형태보다도 간단하게 사람들에게 기억된다. 순간 전단지를 보고 나중에 그 가게의 로고마크는 생각나지 않아도 로고색이 녹색이었는지, 오렌지색이었는지를 생각해내는 것은 쉽다. 색은 상대방의 머리속에 남기 쉽고 또 상대에게 감정을 전하기 쉬운 성질이 있다.

또 기업은 제품이나 상품포장지에도 노력을 하고 있다. 소비자의 눈을 끄는 디자인, 색상이라면 상품을 생각할 것도 없이 첫인상으로 사는 '충동구매'를 촉진시키기 때문이다. 기업은 사람의 심리를 잘 알고 있다. 예를 들면 컴퓨터의 안전대책 소프트웨어 색은 위험을 경고하는 노랑이나 빨강이 대부분이다. 이것을 본 것만으로도 사지 않으면 안 되는 심리가 작용하기 때문이다.

1

기업이나 가게에서는 이미지가 중요

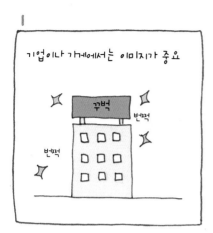

2

많은 기업이 컬러에도 컨셉을 가지고 있다

3

컬러는 모양보다도 기억으로 남기 쉽다

4

로고 모양은 생각나지 않아도 색은 기억하기도 한다

5

상품도 색으로 기억하기도 한다

6

사장도 색으로 기억할 때가 있다

팔리는 포장, 상품색도 변한다

상품의 색상은 상품의 종류에 따라서도 변한다. 화장품 등은 연하고 부드러운 색의 포장지가 많다. 식품은 빨간색이나 오렌지색, 노란색 등의 원색이 많다. 상품 포장은 매상에 직접적으로 반영되기 때문에 대부분의 기업들이 포장을 만드는데 시간과 노력을 기울이고 있다. 일반적으로 잘 팔리는 색상은 흰색과 빨간색의 배합이다. 빨간색은 눈에 띄며 흰색과 매치시킴으로써 깨끗한 대비를 만들어 낸다. 그런데 최근에는 다양한 요구에 부응하여 여러 가지 색상의 상품이나 포장이 히트를 치고 있다. 예를 들면 품질이 떨어지는 상품을 연상시키는 부정적 이미지였던 노란색 포장이다. 그러나 약국에는 비타민제와 사프라먼트, 드링크 등 대부분 노란색상품이 진열되어 있다. 보라색 포장까지 등장하는 시대이다. 상품포장업계에서는 금기시 되었던 컬러가 없어지고 있다.

기업은 파란색을 좋아한다

기업의 컬러를 파란색으로 하는 기업이 많다. 이것은 어째서일까? 파란색은 성실, 안전의 상징이다. 선진성을 나타내는 색이며 기업의 이미지를 확실하게 표현하는데 적합하다. 밝은 파란색을 사용하면 나쁜 이미지는 거의 없다. 그리고 파랑은 대부분 사람들이 좋아하는 색이며 세계적으로 유일하다고 해도 좋을 만큼 어느 나라에서나 호감도 상위에 들어가는 색이다. 글로벌 기업이 주목하는 색인 것이다.

1

기업은 파란색을 좋아하고 파란색 로고가 많다

2

파란색은 호감도가 높고 성실한 이미지가 있다

3

세계적으로도 좋아하는 색

아 이제 블루사이코 입니다

4

최근은 온통 빨간색으로 리모델 하는 기업도 많다

5

명함·봉투·편지지 간판 등 파란색 로고로 통일

6

그리고 경리도 파랗게 질린다

어?

청구

🗨 기업이미지와 선정컬러

수년 전, 저자는 어느 테마파크 유니폼의 코디네이터로 일한 적이 있다. 스텝의 하복을 변경하는 문제로 회의실에 15인 이상의 관계자가 모여서 다음 유니폼은 어떤 색이 좋을지 활발하게 의견을 나누었다. 결국, 바지는 울트라마린 같은 선명한 파란색이 좋다는 의견이 나왔지만 위에 입는 폴로셔츠 색이 결정되지 않았다. 파란색에 가장 어울리는 것은 하늘색이라고 하는 사람도 있고, 파란색에 가장 어울리는 것은 흰색이라고 하는 사람도 있었다. 신경이 예민해지면서 회의 분위기는 험악해지고 있었다. 상황은 점점 난처해지고 있었는데 갑자기 나에게 선택하라고 하여 매우 놀란 적이 있었다.

이것은 대부분의 기업이 빠지기 쉬운 트랩이다. 양쪽 모두 울트라마린에 어울리는 색이다. 중요한 점은 매치했을 때 보여지는 이미지가 다르기 때문에 어떤 이미지를 보여주고 싶은지를 생각해야 한다. 유니폼 색을 '어울린다', '어울리지 않는다', '좋아하다', '싫어하다'는 관점에 얽매여서는 안 된다. 울트라마린과 흰색을 매치한다면 젊고 산뜻한 이미지가 되고 활동성과 스피드한 느낌도 있다. 반면 하늘색과 매치하면 도회적이고 세련된 이미지가 된다. 블루의 농담의 매치는 멋스럽게 눈에 비친다. 방문객에게 어떤 이미지를 느끼게 할 것인지, 어떤 이미지를 보여주고 싶은지를 생각한다면 대답은 간단할 수도 있다. 결국 사람들의 마음을 끌기 위해 흰색 폴로로 결정되었다. 유니폼은 산뜻한 여름 이미지가 되었지만 나는 광고를 볼 때마다 공포감을 느낀다.

1

기업의 컬러는

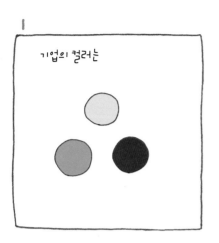

2

경영자의 취향이 아닌

나는 이
보라색이
좋은데

3

어떤 이미지를 보여 줄 것인지가
포인트

싫어 싫어
나는 이
보라색이

사장님

4

무엇을 손님에게 전할 것인지를
생각한다

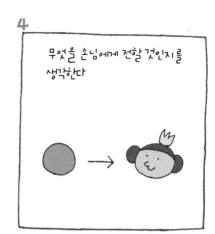

5

전하고 싶은 이미지는 심플한
것이 좋다

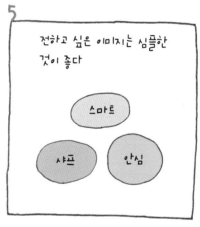

스마트

샤프   안심

6

너무 한 곳으로 집중시켜도 안 된다

새로운 컬러 컨셉은
심플하고 깨끗하고

샤프모던하고

독특한
전위 예술가

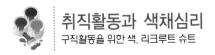

취직활동과 색채심리
구직활동을 위한 색, 리크루트 슈트

취업 시즌이 되면 진곤색이나 검정색 리크루트 슈트를 입은 학생들로 넘친다. 와이셔츠나 블라우스의 기본은 흰색이며 단정한 머리에 가방까지 똑같다. 개성이 요구되는 시기에 모두 같은 옷을 입어야 하는 이유는 없지만 무난하기 때문에 이런 모습도 개의치 않는다. 고용인과 피고용인이라는 입장 차이는 있지만 기업과 학생은 어디까지나 대등하다. 인재는 업계의 재산이다. 주눅 들지 말고 당당하게 자신의 개성을 표현할 수 있는 옷을 입어야 하지만 좀처럼 그렇게 하지 않는다.

곤색이나 진곤색 등의 슈트는 청결감도 있고 날씬하고 총명하게 보이는 색이다. 흰 블라우스는 여성의 피부를 깨끗하게 보이게 하지만 흰색과 곤색의 매치는 사람을 냉정한 인상으로 보이게 하는 단점도 있다. 복장도 평이한데다가 긴장해서 대답도 적절하게 하지 못하면 결과적으로는 면접관에게 좋은 인상을 남길 수 없게 된다. 기업이나 면접관에 의한 평가기준도 다양하겠지만 무난하다는 이유로 개성을 없애버리는 것은 안타까운 일이다.

외국에는 리크루트 슈트라는 것이 없다. 물론 나라와 장소에 따라 다르지만 남성이라면 화려하지 않으면 컬러 셔츠도 입고 여성이라면 정장이긴 하지만 곤색일 필요는 없다. 남성이라면 넥타이 컬러에 원 포인트를 두고, 여성이라면 블라우스 색이나 디자인을 생각해 볼 수도 있다. 마음에 드는 옷을 입고 웃는 얼굴로 가는 것이 최고다. 단, 패션감각을 뽐내는 장소가 아니라는 것은 기억해 두자.

1

리크루트 슈트라는 이상한
것이 있다

2

슈트, 가방, 셔츠, 구두, 한 벌로
갖추는 것도 괜찮다

허걱~

100만원입니다!

1000000

3

개성을 없애는 옷을 위해
아르바이트를 하는 것도 이상한 이야기

덜
덜
덜

4

그래서 새롭게 등장

새로운 리크루트 슈트 Z108d

5

주위의 옷 색에 반응하여 컬러가
변화

이것으로 인상도 업

6

또 느낌이 나쁜 면접관에게는

쿵!

콰당!

휘익~

자동 공격

직장환경과 색채심리
쾌적하고 안전한 직장환경을 만드는 색채조정

쾌적한 직장환경이 만들어지면 작업효율은 오른다. 색을 이용하여 쾌적한 환경을 만들려고 하는 것이 색채조정이며, 이것은 직장환경 등에서 활용되고 있다. 거대한 기계가 즐비한 공장은 차갑고 삭막한 환경에서 작업자가 묵묵히 일만 한다면 뜻하지 않은 사고가 발생할 수 있다. 그래서 최근에는 작업자에게 쾌적한 환경을 만들어 주기 위하여 회색 벽에서 따뜻함을 느낄 수 있는 핑크나 산뜻함을 느낄 수 있는 연한 블루, 부드러운 베이지색 등으로 바뀌어 가고 있다.

많은 사람이 모이는 장소라면 천정을 제외하고 벽에 흰색이나 흰색에 가까운 색은 사용하지 않는 것이 좋다. 흰색을 장시간 보고 있으면 눈에 부담이 생기고 스키장에서 나타나는 설안염 같은 현상이 생기기 때문이다. 작업환경은 한색계가 바람직하다. 시간을 짧게 느끼도록 하는 색이기 때문에 단순작업에 알맞다. 후퇴색인 한색을 사용하면 작업공간에서 위압감을 없애는 등의 효과도 기대할 수 있다. 반면 휴게실에는 느긋하게 편히 쉴 수 있는 부드럽고 따뜻한 난색계가 좋다. 어느쪽 벽이나 단순한 배색이 되지 않도록 주의해야 한다.

색채조정에서는 안전성의 접근도 중요하다. 위험을 알리는 색채인 JIS규격에서는 빨간색은 소화기나 화재경보기, 소화전 등 소방설비기기, 긴급정지, 금지 등에 사용되고 있다. 노란색과 검정은 주의나 각종 장애물, 장소가 낮아진다는 표시 등을 나타낸다. 또 녹색은 피난구와 의료품 등을 나타내고 배에 있는 오렌지색은 항해의 안전장치와 구명뗏목, 구명구 등을 나타낸다. 이 색들은 시각적으로 순식간에 장소를 알게 하려는 것이다.

1

색은 안전과도 연결되어 있다

안전색채라는 것이 있다

2

JIS규격에서는 빨간색은 금지 · 정지
· 소화기 위치 등

3

오렌지색은 위험과 구명구
위치 등을 알린다

4

노란색은 주의, 각종 장애물 등

5

녹색은 안전과 피난 등을 나타낸다

사람들은 이러한 것을 색으로
인지하고 있다

6

그 예로서 다른 색으로 하면

이런 위화감이 있다

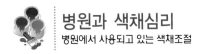

병원과 색채심리
병원에서 사용되고 있는 색채조절

본래 병원공간의 벽은 흰색이 기본이었다. 하얗고 차가운 벽을 보고 있으면 우울한 느낌이 들고 불안감을 느낀다. 이런 환경에서는 환자는 회복의지를 높일 수 없다. 그래서 병실 벽은 친근감을 느낄 수 있는 크림색이나 연한 핑크로, 어둑한 접수처는 밝은 이미지로 바꾸었다. 간호사는 흰옷에 색이 들어간 에이프런을 걸치게 되었고, 간호보조를 하는 사람도 색이 들어간 옷을 입어서 차가운 인상을 주지 않게 되었다. 그 중에는 잠옷 같은 재미있는 무늬의 옷을 입고 있는 병원도 있다. 이처럼 병원에는 색채심리를 토대로 색채조정이 일찍부터 도입되고 있었지만 아직 개선중이다.

수술실이라고 하면 녹색 수술복과 녹색 바닥이 압도적으로 많다. 이것은 빨간색과 보색관계인 녹색을 사용함으로써, 빨간색을 눈에 쉽게 보이게 하려는 것과 부드러운 녹색을 사용함으로써 눈에 주는 부담을 줄이려는 목적이 있었다. 하지만 실제로는 빨간색이 잘 보이지 않는다는 의견이 속출했다. 이것은 색의 성질에 문제가 있다. 짙은 녹색 바닥이나 옷을 보고 있으면 빨간색 잔상이 나타나서, 빨간색 선그라스를 끼고 수술을 하고 있는 것처럼 느끼게 된다. 빨간색을 보기 쉽게 하려는 의도가 결과적으로는 보기 어렵게 한 것이다. 그래서 새로운 병원이나 리모델링을 하는 병원에서는, 수술실을 포함하여 전체적으로 베이지 등의 안정된 색을 도입하고 있다. 적극적으로 자연광을 활용하는 등 어둡고 무서운 이미지도 개선되고 있다.

1

병원은 왠지 삭막한 이미지

4

마루는 색색의 융단

2

그러나 최근의 병원은 다르다

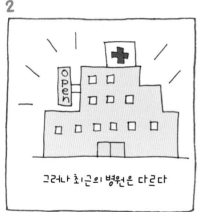

5

간호사의 유니폼도 밝은 색을 도입

3

벽은 핑크나 크림색

6

의사는 시간이 지나면 저절로
밝아진다

혼자있게해줘!

정말이다

🗨️ 흰색혈압이라는 것은?

흰색과 혈압은 밀접한 관계가 있다. 방이 빨간색이면 혈압은 올라가고 파란색 방에서는 혈압이 내려간다는 것은 잘 알려져 있다. 그렇시만 병원에서는 '흰색혈압'이라고 하는 현상이 생겨서 고혈압 진단의 큰 문제가 되고 있다. 본래 흰색은 혈압을 올리는 색은 아니다. 그러나 병원에서 흰옷을 입은 사람이 자기 앞에 서서 혈압을 재고 있으면 긴장이 되어 오히려 혈압이 오르는 사람이 있다. 핀란드에서 약 1400명을 대상으로 실시한 실험에서는 이 '흰색혈압'은 여성보다도 남성에게 많았고 전체 약15%로 확인되었다. 약 일곱 명에 한 명은 고혈압이 아니었는데 과잉진단을 받았을 가능성이 내포되어 있다. 본래 효과가 없는 색이 집단에서 사용되면서 '위압감' 등의 상징이 되어 새로운 이미지를 심어준 예이다.

🗨️ 약의 판별

병원에서 색을 활용하고 있는 것은 색채조절만이 아니다. 약을 인지하는 방법으로도 사용되고 있다. 전혀 다른 효과를 가진 약을 이름뿐만 아니라 색으로도 판단할 수 있도록 한 것이다. 예를 들면 구급의 최전선에서는 혈압을 올리거나 내리거나 하는 약을 신속하게 사용하지 않으면 생명과 연관되는 상황이 있다. 그 현장에서 '이 약은 혈압을 올리는 약인지? 내리는 약인지?' 등 순간적인 판단이 필요하다. 이 때문에 약 이름만이 아니라 상표의 색으로도 약을 판단할 수 있도록 색이 분리되어 있다. 약의 판단에 당황하게 되면 순간적인 판단이 늦어져 목숨이 위험에 처해질지도 모른다. 색은 간접적으로 생명을 구하는 데도 도움이 되고 있다.

1

흰색 고혈압이라고 불리는
증상이 있다

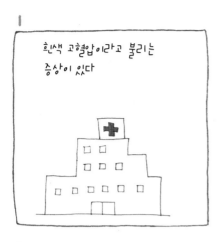

2

흰옷을 입은 사람을 보면

3

좋지 않은 것을 상상하게 되고
백의→ 의사→주사→아프다→무섭다

덜덜~

하하하
주사
놓자!

4

혈압이 상승한다

멀뚱-

145
95

벌벌~

5

다른 사람도
젊은 간호사를 보면

125
72

6

이상하게 땀을 흘리고
간호사 고혈압인 사람도 있다

?

190
121

모락

모락

책과 색채심리
책의 세계에서도 색채심리는 활용되고 있다

오프화이트지에 검은 활자가 줄지어 있는 책의 세계. 무채색으로 색채와는 관계가 없는 듯이 보이는 이 세계에도, 실은 색채심리의 개념은 응용되고 있다. 책 내용은 확실히 흑백이지만 책 표면의 디자인, 소위 '표지'는 여러 가지 색이 있다. 신간 서적이 즐비한 서점의 책장은 색채가 풍부한 공간이다.

요셉 챠벡은 체코의 국민적 작가 카렐 챠벡의 친형이며 화가이다. 그는 책 표지에 대하여 '책표지라는 것은, 단순한 장식이 아니라 책 내용이 고려된 미적인 것이어야 한다'는 명언을 남겼다. 바로 그것이다. 대부분의 사람은 표지를 통해서 책의 이미지를 알려고 하고 내용을 상상해서 구매하게 된다. 표지는 단순한 책 커버가 아니다. 이야기와 함께 하나의 작품을 완성하는 존재이다. 그래서 쉽게 이미지를 전할 수 있는 색채는 성패의 중요한 기준이 되고 있다.

예를 들면 미스터리 내용의 책표지가 검다면, 미스터리 이미지가 증폭되어 깊고 복잡하게 얽힌 수수께끼와 많은 복선 등을 독자는 멋대로 상상해버린다. 러브스토리가 흰색을 바탕으로 한 엷은 색이라고 한다면, 해피앤딩이나 달콤하고 애절한 사랑을 상상한다. 그렇지만 이것이 바뀐다면 어떨까? 연한색으로 씌워진 미스터리는 수수께끼도 시시하고 문장까지도 유치할 것이라고 단정해버릴 수 있다. 또 러브 스토리의 표지가 검정일 경우, 사랑하는 연인이 도중에 죽는다든지 불륜을 저지른 후 동반자살을 한다거나, 사랑하는 사람은 백혈병으로, 아버지는 교통사고, 엄마는 암으로 죽고, 거기에 남동생은… 등의 좋지 않은 것을 상상해버린다. 책표지의 색은 책의 장르와 이미지를 전하는 데도 사용되고 있다.

1

무채색인 소설도 실은

색과 연관되어 있다

2

서적의 외부 디자인

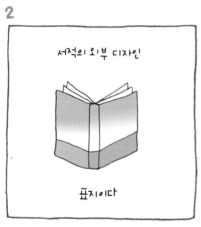

표지이다

3

러브스토리는

달콤하고 부드러운 색

4

빨간색은 정열, 어두운 색은
비극을 상상한다

주르륵~

5

미스터리는 어두운 색이
잘 어울린다

복잡하게 얽힌 복선을 기대한다

6

그래서 이런 미스터리 소설은

黒血の湖

싫어!

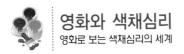

영화와 색채심리
영화로 보는 색채심리의 세계

영화의 대부분은 색채를 잘 사용하여 여러 가지 심리효과를 노리고 있다. 전체를 어떤 특정의 색채가 지배하는 케이스와 특정 장면에서 특정 색이 인상에 남도록 하는 등, 사용법도 다채롭다. 여기에서는 인상적인 색채를 사용한 작품을 소개하고 그 영화에서 색이 어떤 효과를 냈는지를 소개하고자 한다.

●『진주귀걸이 소녀』 / 2003년 : 미국 · 영국 · 룩셈부르크

17세기 천재화가로 알려진 헤르메르와 고용인 소녀를 둘러싼 인간드라마, 일반적으로 '파란 터번소녀'라고 불리고 있는 명화『진주귀걸이 소녀』에 감춰진 진실을 그린 작품이다. 상징적인 것은 모델이 된 소녀 그리트의 머리에 씌워져 있는 파란색 터번이다. 파란색은 12세기 이후 마리아의 상징색이며, 국왕의 색으로서 유럽에서는 신성하게 여겨져 왔다. 헤르메르는 소녀 그리트에게 선명한 파란색 터번을 감기고, 진주귀걸이를 달아 그림의 모델로 삼았다. 17세기 유럽에서는 빨간색이 유행하고 있던 시대였고, 헤르메르가 그린 그림도 빨간색 옷이나 노란색 옷을 입은 사람이 많았는데 이런 선명한 파란색은 드물었다. 헤르메르는 그리트 안에서 뛰어난 색채감각을 찾아냈고, 그리트도 그림의 매력에 빨려들고 있었다. 요컨대 헤르메르는 그리트와 정신적인 교감을 바라고 있었던 것은 아닐까? 선명한 파란색과 진주의 흰색, 빛을 몸에 두른 듯한 색채, 그는 소녀 안에 있는 영원한 아름다움, 마리아를 보고 있었는지 모른다. 이 영화를 보면 그런 것을 생각하게 된다.

1

『진주귀걸이 소녀』

수수께끼가 많은 화가 헤르메르

2

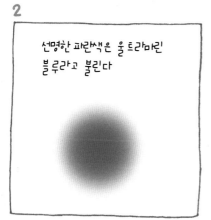

선명한 파란색은 울트라마린
블루라고 불린다

3

고가의 '라피스라즈리'라는
광석을 원료로 하고 있다

4

금보다 비싼 원료를 쓰면서도

5

그는 왜
파란색에 구애되었을까?

6

진실은 깊은 파란색 안에…

『Mr. 인크레더블』 / 2004 : 미국

슈퍼히어로 활약을 익살스럽게 그리고 애정을 담아 그린 애니메이션이다. 본 작품에서는 처음으로 인크레더블은 밝은 블루 셔츠를 입고 있다. 그리고 이야기 중반, 디자이너와 거의 비슷한 에드너에게 신형 복장을 준비하게 한다. 이 때 복장은 전신이 빨간색 슈트에 검정 바지, 검정 부츠와 장갑, 빨간색과 검정의 대비가 선명하다. 이 충격이 강력한 힘의 상징, 빨간색은 파워의 상징이고 넘치는 정열의 상징이다. 인크레더블은 도중에 빨간 옷으로 바꿔 입음으로써 한층 더 강력한 캐릭터로 다시 태어난 것이다. 그러고 보니 슈퍼맨도 스파이더맨도 빨간색을 사용하고 있다. 히어로와 빨간색은 잘 어울린다. 일본의 센다이모노도, 리더는 빨간색으로 정해져 있다.

『큰 물고기』 / 2003년 : 미국

동화 같은 터무니없는 이야기를 하는 아버지와 그 자식의 관계를 그린 가슴 따뜻한 판타지 드라마이다. 아버지가 말하는 과거의 회상신은 여러 가지 그림책을 읽고 있는 것 같다. 과거는 현실 장면과 비교하면 선명한 색이다. 이것은 기억 속의 색은 현실보다도 선명하게 기억되는 것이 특징이다. 또 영화에서 상징적인 것은 노란 수선화가 주위 전체에 선명하게 피어 있는 곳에서 아버지가 어머니에게 프로포즈하는 장면이다. 노란색은 행복을 상징하는 색이며, 많은 사람들에게 따뜻함과 희망을 준다. 이처럼 『큰 물고기』는 아름다운 색채가 볼만한 작품이다.

1

미스터 인크레더블이 맨 처음
입은 슈트는 밝은 파란색

2

지적이고 행동력이 있고
어딘가 이성적인 밝은 색

3

그리고 빨간색 슈트에

4

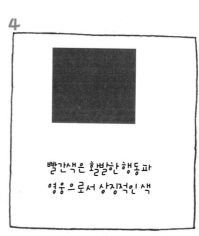

빨간색은 활발한 행동파
영웅으로서 상징적인 색

5

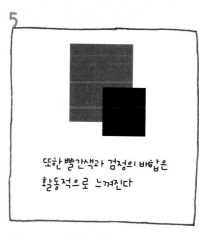

또한 빨간색과 검정의 배합은
활동적으로 느껴진다

6

금발을 넣으면
보다 다이나믹하게 된다

뭔가 해
줄 것같아

『ALWAYS 3번지 석양』 / 2005 : 일본

1955년 동경 시타마찌를 무대로 개성이 풍부한 사람들로 구성된 가슴이 훈훈한 인간 드라마이다. 2005년도 일본 아카데미상을 휩쓸었고 일본인의 마음과 풍경을 주옥같이 그려낸 예술성이 있는 작품이며, 저자도 세 번 보고 세 번 다 울었던 작품이다. 본 작품은 1958년을 완벽하게 재현한 영화지만 단지 그리움만을 추구했던 영화는 아니다. 흡인력이 강한 스토리 전개는 현대의 우리들이 어딘가에 잊고 있었던 감정을 다시 한 번 상기시켜 준다. 그리고 이 작품의 상징은 오렌지색 석양이다. 오렌지색은 유모어가 있고, 가난에도 굴하지 않는 힘을 가진 색이며, 향수를 불러일으키는 이미지임과 동시에 마을로 지는 석양에 어울리는 색이다. 쾌활하고 활동적인 색이어서 석양 아래서 아이들이 달리고 있는 모습과 잘 어울린다.

『그랑 블루』 / 1988년 : 프랑스

과묵하고 섬세한 쟈크와 소꿉친구인 마음 착한 엔조, 아름다운 지중해를 무대로 프리다이빙을 겨루는 두 남자의 우정과 사랑을 묘사한 드라마이다. 이 영화는 실존인물인 프리다이버인 쟈크 마이올이 모델이다. 영화에서는 지중해의 아름다운 바다색인 여러 가지 블루가 등장한다. 그러나 인상적인 것은 마지막 장면에 나오는 깊은 바다의 파란색이다. 삶과 죽음 사이에 있는 듯한 신비스럽게 깊은 블루이다. 의미심장한 마지막 장면이지만 쟈크는 이 '그랑 블루' 속에서 자신과 바다의 경계를 없애고 큰 바다와 하나가 된 것은 아닐까? 쟈크는 거기에서 아무도 본 적이 없는 진짜 블루를 본 것임에 틀림없다.

1

『ALWAYS 3번지 석양』

정말 좋은 영화다
좋다! 힘내자

주르륵~

2

이 작품은 석양이 상징적으로
사용되고 있다

3

석양의 색은 유모어 색이고
웃음을 주는 색

하하하   하하하

4

그리고 가난에도 지지 않는 힘을
가진 색

5

아침해보다 석양이
빨갛게 보이는 것은

저렇게 컸었어

6

사람들에게 미래로의 힘을 주기
때문인지도 모른다

좋다!
힘내자

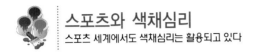

스포츠와 색채심리
스포츠 세계에서도 색채심리는 활용되고 있다

스포츠에서도 유니폼 색에 대한 연구가 활발하게 이루어지고 있다. 축구는 큰 필드를 달리는 스포츠이다. 순간적으로 자기 팀을 구분해야 할 필요가 있다. 옷깃의 형태나 옷의 디자인 등은 순간적으로 눈에 들어오지 않는다. 팀 플레이를 하는 경기일 경우 자기편을 눈으로 확인하는 것은 중요하다. 순식간에 자기편의 구별이 안 되면 패스가 늦어져 버린다. 그렇기 때문에 자기 팀의 판별을 간단하게 할 수 있도록 색으로 구별을 하고 있다. 단지 색을 알면 되는 것이 아니고 그 색은 팀의 이미지도 반영해야 한다. 많은 팀이 있지만 유니폼 컬러에 그다지 변화가 없는 것은 그만큼 뚜렷한 색이 없기 때문이다.

골키퍼만 유니폼 색이 다른 것은 골키퍼라는 포지션 외에 선수와는 다른 규칙이 있기 때문이다. 또 일반선수와는 간단하게 판별을 할 수 있다. 검정색 유니폼을 입은 키퍼는 철벽 수비의 이미지를 갖고 있다. 빨간색 유니폼을 입은 키퍼는 팽창색이나 진출색의 영향으로 크게 튀어 나와 보이기 때문에 PK 등 상대방을 위압하는 효과가 있다.

또 육상경기에서도 색에 대한 연구를 하고 있다. 흰색과 검정색으로 칠해진 종래의 허들을 노란색으로 했더니 기록이 빨라졌다는 실험결과가 있다. 또 육상경기의 트랙을 파랗게 해 놓은 경기장도 있다. 파란색은 집중력을 높이는 색이어서 주자는 색이 바랜 갈색 트랙보다 집중해서 달릴 수 있고, 몸이 안정되어 빨리 달릴 수 있게 되었다. 실제 아직 연구 중인 부분이 많고 앞으로도 색채심리의 활용이 기대되는 분야이기도 하다.

1

스포츠에서 유니폼 색은
매우 중요하다

4

축구에서 골키퍼색이 다른 것은
일반선수와 규칙이 다르기 때문

볼을 만질 수 없다　　　키퍼
　　　　　　　　　만질 수 있다

2

이미지를 상징하는 것이어야 한다

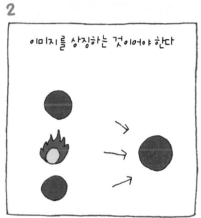

5

심판이 순간적으로

판단할 수 있다

3

또 기능적으로 만들어져야 한다

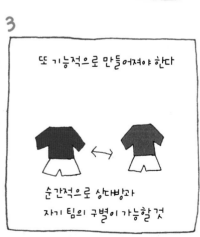

순간적으로 상대방과
자기 팀의 구별이 가능할것

6

상대방과색이 겹치지 않도록
3색 이상 가지고 있는 팀도 있다

03
좋아하는 색으로
알 수 있는 성격

인간의 성격과 좋아하는 색 사이에는

긴밀한 관계가 있다.

어떤 색을 좋아하는 가에 따라서

그 사람의 기본적인 성격이 보인다.

이 장에서는

특정의 색을 좋아하는 사람은 어떤 성격인지를 비롯하여,

색에 관련된 심리효과와 에피소드를 소개한다.

좋아하는 색으로 알 수 있는 당신의 성격
사람의 성격은 좋아하는 색과 밀접한 관계가 있다

일반적으로 무심히 선택하는 옷, 수납장을 열어보면 자신이 좋아하는 옷이 한쪽으로 몰려 있지는 않을 것이다. 특히 어떤 색의 옷을 보면 손이 가게 된다. 아니, 옷만이 아니라 소품이나 잡화도 마찬가지다. 대부분의 사람은 좋아하는 색이 있고 특정의 색에 반응을 나타낸다. 같은 색채 기호를 가진 사람은 같은 행동 패턴이나 반응을 나타내기도 한다. 사실은 좋아하는 색과 성격 사이에는 밀접한 관계가 있다. 좋아하는 색을 조사해보면 그 사람의 기본적인 성격이 보인다. 최근 좋아하는 색이 변했다면 그것은 당신의 성격이 바뀌었다는 것을 나타낸다. 구체적으로 말하면 '오늘은 어떤 색의 옷을 입고 싶다' 라는 것은 그 날의 기분, 작은 성격의 변화라고도 볼 수 있다. 그러면 사람은 어떤 때에 어떤 색을 원하게 될까? 많은 색채심리학자가 이 문제에 매혹되어 세계에서 연구를 하고 있다. 색과 성격에 대한 연구의 흐름은 확립되고 있지만 아직 연구 중이다.

이 장에서는 좋아하는 색과 성격의 관계를 색채학의 권위자인 페이버 비렌의 연구결과 및 일본 색채학의 제 1인자 노무라 준이치 교수의 연구결과에, 패션과 디자인에 관련된 내용을 수집한 여러 가지 데이터와 많은 사람의 성격과 색의 기호관계를 수집하여 구축했다.

특정의 색을 좋아하는 사람의 성격을 안다면 커뮤니케이션도 보다 풍부하게 되고, 자기의 성격을 발견하는 계기가 되며 몰랐던 일면도 발견할 수 있을 것이다. 그러면 몇 가지의 색과 그 색을 좋아하는 사람의 성격, 그리고 그 색이 가진 불가사의한 배경이나 에피소드에 대해서 설명해 보고자 한다.

1

좋아하는 색과 성격 간에는
긴밀한 관계가 있다

4

한색 계열을 좋아하는 사람은

내향적인 경향이 있지만 더욱
복잡하고 재미있다

2

좋아하는 색으로 성격을 알 수 있다

5

그리고 좋아하는 색은 변한다

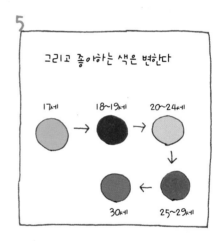

3

난색 계열을 좋아하는 사람은

행동적 · 감동적인 경향

6

그 때에 이벤트가 겹쳐지면 재밌다

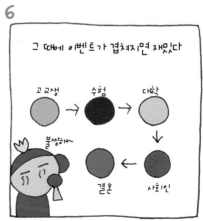

검정을 좋아하는 사람의 기본성격

검정을 좋아하는 사람

검정을 좋아하는 사람에게는 크게 나누어 2종류의 타입이 있는데 '검정을 자유자재로 사용하는 사람'과 '검정이 안전하다고 생각하는 사람'이다. 검정을 자유자재로 사용하는 사람의 대부분은, 도시에서 생활하고 세련된 생활을 하고 있다. 이 타입은 사람을 움직이는 자질을 가지고 있고, 뛰어난 균형감각도 있는 것 같다. 검정 속에는 현명함이 있다고 느껴 검정으로 온 몸을 치장하며 지적인 생활을 하고 싶어 한다.

한편, '검정이 안전하다고 생각하는 사람'은 다른 사람을 의식하는 사람이다. 특히 검정 옷을 어쩔 수 없이 선택하는 사람으로 다른 사람으로부터 센스에 대해서 평가받는 것을 두려워하고, 무난하면서 멋쟁이로 보이기 때문에 검은색이 안전하다고 생각하는 경향이 있다. 예를 들어 여성들의 패션에서는 검정을 좋아하는 사람은 롱스커트나 부츠 등의 스타일을 좋아한다. 또 그녀들은 고상하고 신비스런 존재로 보여지길 원하며 무언가로부터 보호받고 싶은 욕구도 있다. 이 타입에는 의외로 자신감이 많고 고집이 있는 것 같다.

양쪽 성격에서 공통된 점이라고 말할 수 있는 것은 어려서부터 검정을 좋아하고 있었던 사람은 거의 없다는 것이다. 검정을 좋아하게 된 데에는 뭔가의 이유가 있다. 언제부터 자기가 검정을 좋아하게 되었는지 다시 돌아봄으로써 자신의 인생에서의 분기점, 자신의 성격을 잘 아는 계기가 될 지도 모른다.

검정을 싫어하는 사람

한편, 검정을 싫어하는 사람은 검정의 마이너스 이미지를 강하게 받는 사람이다. 검정은 기본적으로 싫어하기 쉽다. 검정은 절망이나 불행, 불안, 또는 폐쇄적인 부정적 이미지를 가진 것이 많기 때문이다.

🖤 검정을 좋아하는 사람에게 충고

검정을 좋아하는 여성에겐 연애운의 기회가 잘 주어지지 않는 경향이 있다. 좋아하는 남자가 생겨도 좀처럼 발전되지 않고 진전된다고 해도 허무하게 끝나버리는 경우가 많다. 이 때문에 좋아하는 사람이 생긴다면 밝은 색을 입고 싶어 한다. 검정은 외부의 압력이나 스트레스로부터 지켜주는 색이지만 운세로 볼 때는 미래를 향해 나아가기 어려운 색이다.

1

검정을 좋아하는 사람은 2 종류

A   B

2

검정을 자유자재로 사용하는 사람

어느 검정이

내게 어울릴까

3

검정이 안전하다고
생각하는 사람

우선 마실 것은 맥주,   음~

옷은 검정

4

어쩔 수 없이 무난한 검정을
선택해버린다

알아차렸을 때는
검정 투성이

검정의 심리효과 / 검정의 에피소드
신비스러운 색에 감취진 힘

검정이라는 색은 실로 불가사의하고 신비스러운 색이다. 암투와 악, 상복 등 어두운 이미지가 있으나 여러 가지 제품에도 사용되고 많은 사람들이 좋아하기도 한다. 패션에서도 '검은색을 좋아한다', '가지고 있는 옷은 검은색뿐이다'라고 말하는 사람들이 적지 않다.

또 검정은 단단하고 쿨한 이미지를 대표하는 색이다. 정장차림에도 검정은 매치시키는 대로 정장으로도 모던하게도 보인다. 무채색인 까닭에 매치시키는 대로 다양한 이미지를 연출한다. 인테리어나 여러 가지 제품에도 사용되고 있는 것도 어디에나 어울리는 효과 때문이다. 일식에서는 다른 나라에서 그다지 볼 수 없는 검정 접시를 사용한다. 검정 식자재도 많다. 검정은 단 맛의 효과를 증가시키는 작용을 하고, 양갱 등 과자도 검은색이어서 더욱 달게 느낀다.

검은색이 지닌 이미지와 힘

검은색은 어두움의 상징이며 몹시 싫어하는 것을 대표한다. 세계적으로도 검정에 얽힌 불길한 표현이 많다. 마녀의 옷도 검정이고 나쁜 마술을 검은 마술이라고 한다. 검은 고양이는 불길한 존재로 취급받아 아무런 나쁜 짓을 하지 않았는데도 싫어한다. 중국의 오행설에 대표되듯이 불모지 땅인 북쪽을 검정으로 표현하는 국가나 민족은 많다. 또 검정에는 상대를 위협하는 힘을 감추고 있으며, 그것을 사용하면 상대를 압도시킬 수 있다. 유도에서도 '검은 띠'는 듣기만 해도 무서운 이미지가 있다.

1

검정은 재미있는 색이다

2

암흑, 악, 죽음과 같은
부정적 이미지임에도 불구하고

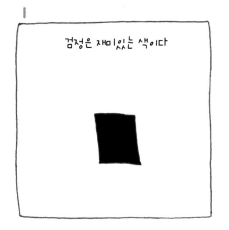

3

많은 사람들이 좋아한다

검정요

와

4

전형적인 색이며

고상한 색

5

단 검은색에
너무 의존하는 것은 좋지 않다

빨리 돌아가야만
한다

탁탁탁

6

밤은 어두움과 같이 위험하다

꽹

🗣 전문가와 비전문가

검정이 가진 이미지에서 좋은 예로 사용되고 있는 것을 소개하자면 전문가와 비전문가라는 말이다. 경험이 풍부하고 기술을 가진 전문가는 원래 구로우도(黑人)가 어원이다. '玄'은 몇 번이나 물들인 검정이라는 의미에서 풍부한 경험을 표현하고 있다.

한편 비전문가는 아무것도 모르는 백치상태에서 붙여진 말이라고 한다. 이렇게 검정이라도 좋은 의미로 사용되는 것은 있다.

🗣 투명의 대용으로 사용되는 검정

검정을 잘 사용한 예로서 가부키(일본의 전통 공연예술)가 있다. 가부키에서 검정은 투명이나 없음의 대용으로 사용된다. 무대진행의 보조를 위해 검정 옷을 입은 사람은 보이지 않는 존재, 보여도 보이지 않는 존재인 것이다. '투명한 사람'이라는 존재를 검정으로 표현하고 있다. 또 장이 바뀔 때에도 검정막을 내리고 도구 등을 치우기도 한다. 이것도 사람들 눈에 보이지 않게 사용하는 것인지도 모른다. 사람들 눈에 보이지 않게 뒤에서 조작하는 '흑막'이라는 말은 여기에서 생겼다.

🗣 흰색은 정의이고, 검은색은 악?

'흑백을 가리다'라는 말이 있다. 좋은지 나쁜지를 확실하게 하고 싶을 때 하는 말이다. 검정은 그 이미지부터가 나쁘게 사용된다. 경찰이 쓰는 은어에서도 검정은 범인이다. 스모에서 승자와 패자는 백과 흑으로 나타내고 지면 검은 별이 된다. 검정은 나쁜 것의 대명사가 되었다. 이 '백흑을 가리다'의 실제 사용법은 '흑백을 가리다'이다.

1

가부키의 '검은 사람'은

본래는 검은 옷이다

2

무언가를 건네기도 하고

3

물건을 정리하는 것이 임무

4

보이지만 보이지 않은 것으로 한다

5

실은 이 사람도 출연자

제자들이 많다

6

눈 장면에서는 흰 옷을 입은
'검은 사람'이 나온다

눈사람, 설후견이라고 한다
덧붙여 말하자면 흰 사람은 아니다

검은 옷의 효과

검정은 몸을 스트레스로부터 지켜주는 색이며 상대로부터의 영향력을 억제하는 색이기 때문에, 사람들에게 잔소리를 듣고 싶지 않다면 검은색 옷을 입는 것이 좋다. 누군가로부터 꾸지람을 듣게 될 것을 알고 있을 경우, 검은 옷을 입고 자신을 방어하는 것도 하나의 방법이다. 그러나 검정을 많이 사용하는 것은 바람직하지 않다. 일광을 차단하는 색이므로 너무 사용하면 노화를 촉진시킨다. 과도하게 사용하지 않고 의존하지 않으면 검정이 지닌 힘을 내 편으로 만들 수 있을 것이다.

상복은 왜 검은색일까?

옛날 상복은 흰색이었다. 검은색은 상복색이라기 보다는 검은 예복, 가문(家紋)을 넣은 예복인 하카마(주름잡힌 하의−역주)를 대표하였고 축하하는 자리에서 입는 옷이다. 검정이 상복으로 된 것은 외국의 영향을 강하게 받았기 때문이다. 유럽에서는 부활절 전의 성금요일이나 미사에는 사제가 검은 옷을 입는다. 이 사제복이 유럽의 일반 사람들에게도 상복으로서 뿌리내리고 있었고 1897년 검정을 사용한 서양식의 장례를 도입했다. 이것이 상복을 검은색으로 하게 된 발단이 되었다. 그 후 러일전쟁에서 장의가 계속되었고 흰 상복이 부족하여 장례식장에선 검은 상복을 빌려주었다. 그리하여 일반 사람들에게도 검은 상복이 보급되었다. 상복이 검게 된 것은 사실 유럽의 관습 탓이었다.

1

검은 옷은 인기가 좋다

2

트렌드 컬러도 검정계통이 많다

올해 춘하복은
광택이 있는
블랙으로 결정

3

검정은 외부의 스트레스로부터
자신을 지켜주는 색

4

그리고 힘을 과시할 수 있는 색

여봐라
아무도 없느냐!

5

그렇지만 햇볕을 차단하고

노화를 촉진한다고 한다

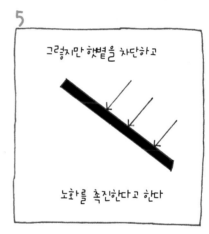

6

의존하지 않고
자유자재로 사용하는 것이 좋다

아이고~

슬슬
은퇴해야 하지 않을까?

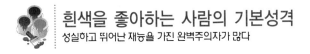

흰색을 좋아하는 사람의 기본성격
성실하고 뛰어난 재능을 가진 완벽주의자가 많다

♥흰색을 좋아하는 사람

흰색을 좋아하는 성인은 적지만 동경하는 사람은 많다. 흰색이 지닌 상품의 장점과 순수함, 아름다움을 동경하여 흰옷이나 흰색 소품에 끌리는 사람이 있다. 정말로 당신이 흰색을 좋아한다면 틀림없이 이상이 높은 사람일 것이다. 연애도 일도 항상 높은 이상을 가지고 있는 것이 특징이며 완벽주의자인 경우도 있다. 목표를 향해서 노력을 아끼지 않는, 성실하고 뛰어난 재능을 가진 사람이다. 흰색은 좋아하지만 자신은 노력하는 타입이 아니라고 생각한다면, 당신은 틀림없이 흰색을 동경하고 있다. 옷으로 간단히 이상으로 다가갈 수 있기 때문에 흰색에 쉽게 끌리기도 한다. 시선을 끌고 싶기는 하지만 튀고 싶어 하는 것은 아니다. 사람들 마음속에 아주 조용한 인상으로 남고 싶어 하는 사람도 많다. 또 고독을 느낀다든지, 고독을 연출하는 일에 능숙한 사람인지도 모른다. 마음을 정화하고 싶을 때도 사람은 흰색을 찾는 경향이 있다.

또 흰색은 젊음을 상징하는 색이기도 하여, 젊음을 누리고 싶을 때도 사람들은 흰색을 찾는다. 여성이 나이를 먹어감에 따라 흰색을 찾게 되는 것은 흰색 속에서 잃어버린 젊음을 찾고 있는 것인지도 모른다. 또 흰색을 좋아하는 대부분은 다정한 사람이거나 가족을 생각하는 사람이 많다.

♥흰색을 싫어하는 사람

흰색을 싫어하는 사람은 그다지 많지 않다. 흰색에 관심이 없는 사람, 흰색에 흥미가 없는 사람은 있어도 흰색을 싫어하는 사람은 드물다. 만일 흰색을 싫어하는 경우가 있다면 흰색에 무엇인가 싫은 추억이나 정신적인 고통의 기억이 남아있는 사람일 가능성이 높다.

❤흰색을 좋아하는 사람에게 충고

흰색을 좋아하는 사람은 흰색이 가진 특성과 같이 여러 가지 것에 영향을 받기 쉽다. 좋은 의미로도 나쁜 의미로도 사람이나 다른 것으로부터 영향을 받는다. 혹시 자기가 흰색을 좋아하고 여러 가지 것으로부터 영향을 받는 타입의 사람이라면 더 컬러풀한 색을 입고 다양한 색을 보는 것이 바람직할 것이다.

흰색의 심리효과 / 흰색의 에피소드
여러 나라에서 숭고한 색, 신성한 색으로 취급되고 있다

흰색은 여러 나라에서 숭고한 색으로 취급되어 왔다. 고대 이집트 홀스신의 상징색은 흰색으로 표현되었고, 천상계의 사자를 나타내는 로마신관도 흰옷을 입었다. 마귀를 쫓는 흰 부적은 악마로부터 시선을 돌리게 할 목적으로 사용되었다. 신이나 정령이 하는 기적을 백마술이라고 한다. 기독교에서도 흰색은 그리스도를 상징하는 특별한 색이다. 이 같이 흰색은 신성한 색으로 여러나라에서 숭배되어 왔다. 백마나 백사 등의 생물도 신성한 동물로 여겨 왔다.

흰색은 '순수', '무구'라는 깨끗한 이미지가 있고, 동시에 '차갑다', '이별'과 같은 부정적 이미지도 있다. 무채색 특유의 극단적인 사용법도 특징이다.

🗨 혼례복은 왜 흰색인가?

웨딩드레스가 흰 것은 처녀와 순결의 상징이라는 것은 유명한 이야기이다. 흰 웨딩드레스는 18세기 후반부터 유럽에서 시작되었다는 것은 뜻밖의 새로운 사실이다. 일본에서도 무로마찌시대부터 혼례는 흰옷을 입는 습관이 있었다. 흰옷을 3일간 입고 그 후에 평상복으로 갈아입었다고 한다. 이것이 혼례복을 벗고 다른 옷으로 갈아입은 계기가 되었으며, 시대와 함께 옷을 갈아입는 시간은 짧아지고 현재는 피로연에서 바로 갈아입게 되었다. 또 흰 옷은 신부의 순수무구의 상징이기도 하지만, 집을 나오면 죽음을 각오한다는 소복의 의미이기도 했던 것이다.

1

웨딩 드레스가 흰 것은

순결의 상징이라고 한다

2

혼례는 흰 색

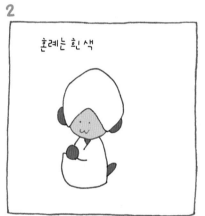

3

어느 색에도 물들지 않는
순수함을 나타낸다

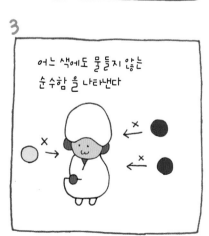

4

사실은 이 흰 옷에는 또
하나의 의미가 있다

5

소복의 의미도 있고 집을
나온다는 것은 죽음을 각오했다는

6

하지만 수년이 지나면 대부분의 집은

변기나르라고

항상
말했지요 !!

남편은 죽음을 각오한다

흰색의 심리효과 / 흰색의 지식

🗨️ 백기는 왜 흰색인가?

스모에서 승부의 결과를 기호로 나타낸 일람표의 흰색은 '승리'를 나타내는 표시이다. 그런데 같은 흰색이라도 완전히 반대의 의미를 나타내는 것이 '백기'이다. 흰색은 휴전이나 평화의 표시이다. 왜 같은 흰색인데도 반대의 의미가 되는 것일까? 백기가 지닌 의미는 흰색에 어떤 의미가 있다는 것보다는, 이 흰 기에 당신 나라의 기를 그리고 싶다는, 순수와 무로서의 의미가 강한 것 같다. 결국 백기는 상대국의 색을 받아들인다는 의미를 나타낸다.

🗨️ 사람과 처음 만날 때는 흰 옷을 입어서는 안 된다

흰 옷의 인상은 남녀에 따라 차이가 크다. 남성에게 흰색은 와이셔츠로 대표되듯이 옷에서는 표준색이다. 본래 흰색은 색을 돋보이게 하는 효과가 있지만 습관처럼 사용하면 특별한 인상을 갖지 않게 된다. 남성에게 흰색은 보통색이어서 특별히 좋을 것도 나쁠 것도 없다. 그렇지만 여성에게 흰색은 조금 특별하다. 처음 데이트 할 때에 예쁘다고 생각하고 있었던 흰옷을 기본으로 하는 것은 심리적으로도 알 수 있다. 그런데 흰색은 '시치미 떼다'라는 말이 있듯이 냉정한 인상을 받는다. 데이트 등에서 호감이 가는 사람과 맨 처음 만날 경우, 흰색 옷은 긴장감을 고조시켜 말을 잘하지 않으면 냉정한 느낌을 주게 된다. 이렇게 흰 옷은 순수하게 생각되기도 하고, 마이너스 효과를 강하게 나타내는 특징도 있다. 그렇기 때문에 맨 처음 사람과 만날 때는, 특히 데이트를 할 경우는 말보다는 자신의 이미지를 나타낼 수 있는 컬러의 옷을 입는 것이 좋다. 색은 당신의 인상을 말해 줄 것이다.

1

흰색은 좋은 이미지에 어울리는
것이 많다

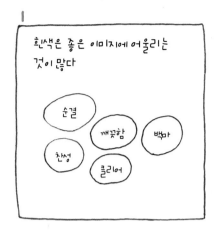

순결

깨끗함   백마

찬성

클리어

4

흰색에
패배의 의미가 있는 것이 아니고

2

그렇지만 패배를 의미하는
백기가 있다

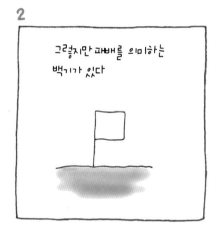

5

순수한 이미지로 상대국의
기를 그린다는 의미

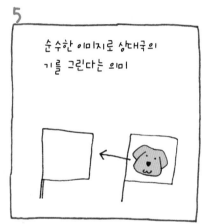

3

백기는 투항의 의사표시

전시국제법에도 명시되어있다

6

같은 의미일지라도
전부가 흰 옷이라면 안된다

이상한
원숭이가
있습니다만

싹 버리세요

🗨 백설공주는 왜 흰색인가?

누구나 알고 있는 그림동화인 '백설공주', 백설공주의 아름다움에 질투를 한 숲속의 여왕이 독이 든 사과를 먹이자, 왕자가 공주를 구한다는 내용의 명작이다. 그런데 백설공주는 왜 흰색일까? 그것은 눈처럼 하얗기 때문이라고 생각할지도 모른다. 하지만 그것만은 아니다. 이 작품에 나오는 백설공주는 눈 같이 흰 피부와 피같이 빨간 입술, 흑단같이 검은 머리를 가진 소녀이다. '백설'은 새하얀 눈을 나타내는 말이다. 이 흰색은 눈뿐만 아니라 '순수', '무구'한 백설공주의 마음, 그리고 투명한 느낌이 있는 '미백'의 아름다움을 나타내고 있다. 또 독이 든 사과의 '빨간색'은 잔혹한 여왕의 행동이나 사심, 아름다움에 대한 질투심의 상징으로 해석되고, 흰색과 대비시킴으로써 흰색의 아름다움을 더욱 눈에 띄게 했다고도 해석할 수 있다. 결국, 색채의 관점에서 봐도 백설공주는 매우 아름답고 깨끗한 소녀의 상징이며 여왕은 사악함의 화신이었다고도 할 수 있다.

🗨 흰색이 유행하면 경기가 회복된다?

유행색과 경기 사이에는 상관관계가 있어서, 일반적으로 흰색이 유행하면 경기가 회복된다고 말하고 있다. 하지만 최근에 흰색이 유행하는 것과 경기회복과의 상관관계를 조사해 보니 일률적으로 연관된다고 말하기는 어려운 상황이다. 하지만 흰색에는 '재생', '신규' 등의 이미지가 있어서, 흰색을 본 사람이 새로운 일을 시작하는 경향이 있기 때문이라고 한다. 확실히 그런 경향이 있는 것 같지만 그것만으로 경기를 움직이는 기폭제가 된 것은 아닐 것이다. 사실 효과는 아주 적다. 그러나 자신의 흰 옷이나 흰 가방이 경기회복에 공헌한다고 생각하면 멋쟁이들도 기분은 좋을 것이다.

1

백설공주는 왜흰색일까?

2

그것은 눈같이 흰
피부이기 때문에…

3

그러나 정말로 그뿐일까!?

4

아름다움은 물론 순수하고
무구한마음을
나타내고 있는 것은 흰색

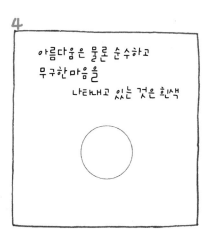

5

여왕과의 대비를 위해
백설공주는
흰색이어야만 했다

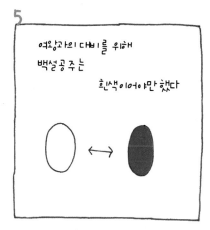

6

검정이 아니어서 다행이다…

정말로
여왕 짜증난다
싫어
흑공주

라고 해야 할까

그레이(회색)를 좋아하는 사람의 기본성격
상대를 돋보이게 하는데 도움을 주는, 균형 감각을 가진 사람

💬 그레이를 좋아하는 사람

그레이를 좋아하는 사람들 중에는 세련된 식견이 있는 사람이 많다. 상대를 배려하고 다른 사람에게 도움을 주고 싶어 한다. 자기가 앞에 나서기보다는 누군가를 지지해주고, 겸손한 모습으로 상대를 돋보이게 하려고 한다. 그레이는 단순해서 좀처럼 좋아할 수 없는 색이지만, 여러 가지 색을 두드러지게 하는데 뛰어난 성질을 가지고 있다. 그레이를 좋아하는 사람은 그런 색이 가진 성질과 관계가 있는 지도 모른다. 사소한 일로 흥분하지 않고 항상 온화한 생활을 하고 싶어 한다. 인생에서의 장애물을 피해가는 것을 잘 알고 있는 사람이 많다. 검정을 좋아하는 사람이 외부로부터의 압력을 차단하는 경향이 있다고 한다면, 그레이는 융화와 조화를 통해 외부의 힘을 받아들이려고 하는 성질이 있다. 균형감각을 가지고 있는 사람이 좋아하는 색이며 젊은 사람보다도 나이든 사람들이 좋아하는 경향이 있다.

또 그레이 중에서도 밝은 '실버그레이', '라이트그레이'를 좋아하는 사람은 보다 도회적이고 멋스러우며, 매우 섬세한 경향이 있다. '목탄빛 회색', '스트레이트 그레이' 등의 안정감 있는 진한 그레이를 좋아하는 사람은 안정 지향적이고 멋쟁이 기질이 있다. 이는 경영자가 좋아하는 색이기도 하다. 제약이나 장애가 많은 경영세계에서 온화하고 기분좋게 하는 진한 그레이가 마음을 편하게 해주기 때문이다.

💬 그레이를 싫어하는 사람

그레이를 싫어하는 사람은 단순한 일상을 싫어하는 사람이 많다. 그레이는 콘크리트 색이기도 하다. 폐쇄적인 환경이나 무기적인 방에 저항하는 사람도 그레이를 싫어하는 경향이 있다.

🗨그레이를 싫어하는 사람에게 충고

현재의 상태에서 도망치고 싶은 용기가 없을 때는 그 정신 상태와 가까운 성질을 지닌 그레이에 끌릴 때가 있다. 그런 때에는 그레이와 잘 맞는 핑크나 연보라색을 사용하여 점차로 회색을 밝게 해 가는 것이 좋을 것이다. 그레이가 가진 안정된 이미지에서 세련된 이미지로 바꾸어 가면 좋다.

그레이의 심리효과 / 그레이 에피소드
흑과 백의 효과를 다 갖추어 돋보이게 하는 컬러

그레이는 흑과 백을 섞어서 만든 색이기 때문에 명도차에 의해서 흰색에 가까운 효과나 검정에 가까운 이미지를 나타낸다. '목탄빛 회색'은 중후하고 정장스타일의 이미지를 갖는다. '실버그레이'는 고상한 품위와 조용한 이미지가 감돈다. 흰색이 받는 효과보다도 검정 쪽의 효과가 강하기 때문에 그레이는 검정영향을 강하게 받고 있다. 이 때문에 그레이는 소극적인 대명사로서 사용된다. '그레이'에는 어둡고 음울한 의미가 있고, 일본에서는 '회색'이라고 표현한다. 그렇지만 삶과 죽음의 중간점이나 재생의 상징으로 사용되기도 한다.

단색으로 사용하기보다도 여러 가지 색과 조화시키면 멋스러운 색이 되는 것도 그레이의 특징이다. 도회적이거나 우아한 이미지는 그레이가 있으면 더욱 돋보인다.

🐟 멋쟁이는 그레이가 원조?

일본인은 이 그레이를 매우 잘 사용한다. 에도시대부터 '쥐색'이라고 했고, 서민을 중심으로 멋스러운 색으로서 유행하고 있었다. 에도막부가 서민의 사치를 금지했기 때문에 옷의 소재나 색에도 제한이 있어서 서민들은 쥐색을 활용한 그레이 문화를 만들어낸 것이었다. 그것이 '시쥬하짜햐쿠네즈四十八茶百鼠'이라고 하는 그레이와 차색의 변종이었다. 실제로 480종류가 있다는 것이 아니고, 에도사람의 순수한 언어의 유희와 무수하게 많은 것을 나타내는 '팔八'을 써서 많다는 것을 표현했던 것이라고 생각한다. 그리고 은빛 쥐색이나 희미하게 녹색을 띤 쥐색, 깊은 바다빛 쥐색, 복숭아빛 쥐색 등 다양한 그레이가 나타났다. 이 섬세하고 미묘한 그레이의 조합은 풍부한 색채감각을 가진 일본인의 멋을 내는 원조가 아닐까?

1

시쥬하쟈햐쿠네즈라는
색이 있다

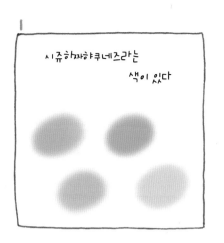

2

이것은 에도시대에

모두
사치하지마라

라는 금지령이 내려서

3

의복의 소재와색이
제한되었다

명주

면   마

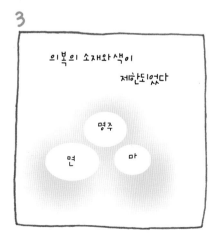

4

그래서 차 색깔과 쥐색의
변형이 생겼다

그것이

시쥬하쟈햐쿠네즈 이다

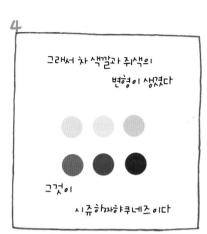

5

쥐색은 70종류나 있는 것 같다

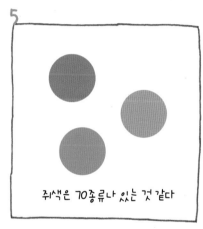

6

틀림없이 쥐 소승도

오늘 우리는
아주 멋지다

멋쟁이었을 것이다

빨간색을 좋아하는 사람의 기본성격
외향적인 성격이 특징. 정열적이고 정의감이 강한 사람

🗣 빨간색을 좋아하는 사람

빨간색은 남녀 모두가 가장 좋아하는 색의 하나로 알려져 있다. 특히 외향적인 사람은 빨간색을 좋아한다. 빨간색을 좋아하는 사람은 활동적이고 운동신경이 있으며, 매사에 깊이 생각하지 않고 자기의 기분을 표현해버린다. 보통 감정의 기복이 심해서 (특히 남·녀 간의 문제로) 화를 내면 어떻게 해 볼 도리가 없는 사람도 많다. 좋은 건지 싫은 건지 생각하기 전에 행동하고 말이 먼저 나온다. 분별이 없고 정열적이며 정의감이 강한 사람도 많다. 이야기도 잘하고 감정을 넣어서 손짓이나 몸짓으로 말하는 사람도 있다. 빨간색을 좋아하는 사람은 매력적인 사람도 많지만, 제멋대로이고 때때로 무례한 태도를 취하는 사람도 많다. 애정이 결핍되어 있을 때에도 빨간색을 찾는 경향이 있다.

또 빨간색을 좋아하지만 빨간색 소품이나 옷을 좋아하지 않는 사람도 있다. 그 정도면 정열적이지는 않지만 빨간색을 좋아하는 사람들이다. 빨간색은 주위의 시선을 끌기 때문에 그렇게까지는 하고 싶지 않은지도 모른다. 그들은 지적이고 이성적인 사람들이며 활동적인 것에 대한 동경을 가지고 있다. 그러한 사람이 한 번 빨간색에 매료되면 굉장하다. 갑자기 빨간색 옷만 입거나 화려하게 빨간색을 바르기도 한다. 빨간색은 자신감이 부족한 사람의 마음을 매료시키고 스스로를 표현하게 하는 색이다.

🗣 빨간색을 싫어하는 사람

빨간색을 싫어하는 사람은 욕구불만인 사람이 많다. 자신의 꿈이 중도에서 좌절되거나, 하고 있던 일이 자기의 생각과는 달리 할 수 없게 될 경우 빨간색을 거부하기도 한다. 이것은 행동력의 상징인 빨간색을 보면 자기와의 감정 속에서 균형을 잡을 수 없을지도 모른다.

🗨️빨간색을 좋아하는 사람에게 충고

빨간색을 좋아하는 사람의 나쁜 점은 기분의 변화가 심하다는 것과 간혹 예의를 잃어버린다는 것이다. 그런 경우 조금 연한 빨간색이나 안정된 빨간색을 좋아하기 바란다. 빨간색을 너무 사용하면 몸에도 그다지 좋지 않다. 빨간색의 면적비율을 연구하는 것도 효과적이다. 하나의 포인트로도 시선을 끌며 매우 멋스럽게 보이기도 한다.

빨간색의 심리효과 / 빨간색의 에피소드
생명의 상징이고, 인간에게 특별한 색

빨간색은 인류가 유채색 중에서 최초로 사용한 색이 아닌가 한다. 확실히 유적이나 벽화에는 빨간색을 주로 사용하였다. 빨간색은 생명력의 상징이고, 사람의 감정과 정열도 빨간색으로 나타내는 경우가 많다. 사람에게 없어서는 안 되는 혈액도 빨간색이다. 인간은 빨간색에 대해서 가장 심한 반응을 나타낸다. 바닥에 떨어진 빨간 액체를 보면 왜 그런지 '피'라고 생각하고 순간적으로 철렁하고 몸이 반응한다. 또한 감정을 나타내기 때문인지 '화'를 빨간색으로 표현하기도 한다.

빨간색을 특별한 것으로 취급하는 민족은 많다. 중국에서는 빨간색을 행복이나 태양을 나타내기 위해서 자주 사용한다. 아메리카 인디안에게 빨간색은 승리의 표시였다. 빨간색을 국기의 상징색으로 사용한 나라도 많다. 일본에서는 경사스러운 날에는 홍백의 막을 사용하고 홍백의 만두를 나누어 준다. 그리고 축하하는 날에는 빨간 밥을 짓는다.

💬 빨간색타인은 빨간색을 하고 있는가?

아무런 관계없는 사람을 '빨간색타인'이라고 한다. 이 '빨간색'이란 어떤 의미일까? 많은 설이 있지만 '환한'이라는 의미가 '빨간색'으로 변했다는 것이 가장 유력하다. 덧붙여 말하면 빨간색의 어원은 '밝음'에서 왔다(검정은 '어두움'에서). 특히 색을 의식한 것이 아니고, 운을 단 일본어 문화의 하나다. '새빨간 거짓말'도 똑같은 의미로 사용된다. 본래, 빨간색에는 '환한', '정말로'란 의미는 없다. 의미로 생각하면 '흰색타인'이다. 그러나 빨간색이 지닌 강력한 인상이 강조어로서 적합하다. 만일 '분홍색타인', '진한쑥색타인'이었다면 약간 알고 있는 사람인지도 모른다.

1

빨간색타인은 왜
빨간색인가?

2

모른다는 의미라면
흰색타인이 어울린다

3

빨간색 '에는 '밝은' 이란
의미가 있다

밝다 → 빨갛다

'빨간색' 은 '밝다' 에서 생겼다

4

빨간색이 지닌 강한 인상은
강조하기도 좋다

빨간색 타인

5

만약 '분홍색 타인' 이었다면

음…

6

조금 알고 있는 사람인지도
모른다

🗨 빨간색은 인간의 운동능력, 투쟁심을 끌어올린다.

빨간색은 인간의 운동능력과 투쟁심을 높이는데 효과가 있다. 영국의 대람대학의 연구결과에 의하면 권투나 태권도, 레슬링 등의 경기에서 빨간색과 파란색의 경기복과 승률의 관계를 통계로 뽑아보니, 확실히 빨간색이 이길 확률이 높았다고 발표했다. 실력이 같다면 빨간색 운동복을 입을 때 승률이 올라간다. 빨강은 팽창색이기도 하고 위압감을 주기도 하여 상대의 의지를 저하시키는 효과도 있다고 한다.

🗨 왜 빨간색은 남성의 색이 되지 않았나?

불꽃과 힘의 상징인 빨강은 남성의 색이 아니라 일반적으로 여성의 색으로 사용된다. 남성은 파랑이나 검정색이고 여성은 빨강이다. 본래의 힘이 넘친다는 이미지에서 생각해 보면 빨강은 남성의 색이 되어도 괜찮을 것 같다. 이것은 왜 일까?

옛날에 서구에서는 문화의 습관으로 남녀의 색 구분을 했다. 그 당시에 빨강은 여성의 색이라고 했지만 꼭 그렇지만도 않다. 유럽에서 파랑은 마리아를 상징하고 아름다운 여성을 나타내기도 한다. 이것은 추측이지만 현대에서는 어릴 적부터 편의상 남성은 파랑이나 검정, 여성은 빨강이라는 환경에 놓여진다. 이는 초등학생이 메는 책가방이나 화장실 표시 등 모든 곳에 등장한다. 부모에게서도 남자는 파란색이나 파란색 물건을 받는다. 그래서 빨강은 여성의 색이라는 고정관념이 필요 이상으로 생긴 것이 아닐까? 실제로 빨강을 남성의 색으로 사용해도 위화감은 없다. 군대 영웅의 남성 지도자는 빨강이다. 빨간색 훼라리는 야성적인 남성에게 잘 어울린다. 빨강은 남성의 색, 파랑은 여성의 색으로도 될 수 있지 않을까? 남·여를 색으로 표시해서 나누는 것은 편리하지만 고정관념을 만드는 것은 그다지 바람직하지 않다.

1

색에 대한 암묵적인 룰이 있다

빙글~ 빙글~

2

예를 들면 화장실 표시

남성은 검은색, 여성은 빨간색

3

이것을 거꾸로 하면 모두 착각한다

많은 사람은 색으로 판단한다

4

그래도 이것은 왜 그렇지?

언제나 남성은 파란색·검은색,

여성은 빨간색

5

유럽에서는 옛날부터 여성을 빨간색으로 남성을 파란색으로 하는 문화가 있었다

사루쟈베스는 여자니까 빨간 것으로

6

편리하지만 더 자유가 있어도 좋다

우끼~

내 표시야

갓난아이는 왜 빨간색인가?

갓 태어난 어린아이를 '젖먹이', '갓난아이'라고 부른다. 막 태어난 신생아의 피부는 얇고, 헤모글로빈이 많아서 빨갛게 보이므로 이 이름이 붙여졌다. 3세 정도까지의 어린이를 '영아'라고 부르는 것은 새싹처럼 윤기가 있어서 그렇게 부르는 것 같다. 색채감각이 풍부한 표현이다.

신기한 빨간 돌의 효과

루비, 가아넷, 브랫드스톤, 레드쟈스파 등의 빨간색 보석에는 고대로부터 불가사의한 효과가 있다고 믿고 있다. 또 빨간 돌은 약으로도 사용되어 왔고 역병과 화재로부터 몸을 보호하고, 천연두와 페스트의 치료약으로도 활용되었다. 지혈제 등의 효과를 가진 것도 많다. 고대 사람들은 빨간색 안에서 생명의 찬란함을 느끼고, 생명을 되찾는 힘을 얻었는지도 모른다.

우체통은 왜 빨간색인가?

일본에서 최초의 우체통은 메이지 4년에 만들어졌다. 다리가 붙은 대에 사각형 상자를 얹은 목제木製 우체통은 '편장집상書牀集箱', '집신상集信箱' 등으로 불렸다. 다음 해 우편제도가 전국적으로 실시됨에 따라, 우체통의 수요가 증가하고 사각형의 통모양의 검정색 우체통이 탄생하였다. 그 후 1901년에 철제의 빨간색 둥근 모양의 우체통이 고안되어 빨간색 우체통이 탄생했다. 우체통을 '빨간색'으로 칠한 것은 우체통의 위치를 알기 쉽게 하고, 눈에 두드러지는 색을 사용한 영국의 사례를 참고로 한 것이었다. 검정색 우체통은 저녁 무렵이 되면 눈에 띄지 않는다는 사람들의 불만도 있었다. 덧붙여 말하면 미국의 우체통은 파란색이고, 프랑스의 우체통은 노란색이다.

1

우체통은 왜 빨간색인가?

4

미국이라면 파란색으로

2

영국의 사례를 참고로
멀리에서 잘 보이기 때문에

우체통은 빨간색이 되었다

5

중국이었다면 녹색으로

3

프랑스를 참고로 했다면
노란색

LA POSTE

6

신쥬쿠였다면
검정색이었을지도 모른다

어서
오세요

너는 우체통!

💙 홍일점의 '홍'이란?

홍일점이란 말을 자주 듣는다. 많은 남성 가운데 여성이 한 사람의 여성이 있을 때 사용하는 말이다. 이 홍紅이란 여성이라고 생각할지 모르지만 그 유래는 좀 다르다. 중국의 왕안석王安石의 시 「영석류詠石榴」에서 왔다. 녹색 초원에 한 그루의 석류나무에서 빨간 꽃이 피고, 봄의 경치는 단지 이것만으로도 사람을 감동시킨다는 것을 노래한 구에서 온 것이다. 지금도 많이 있는 것 중에서 단지 하나만 이채를 띤다는 것의 의미로 사용되고, 특별히 여성을 나타내는 것은 아니다. 하지만 아름다움을 여성에게 비유하게 되면서, 남성 속에 섞인 유일한 여성의 의미로 사용하게 되었다. 이와 같이 말의 의미가 도중에 바뀌는 현상이 자주 일어난다.

💙 산타클로스는 왜 빨간색인가?

흰 수염을 기르고 흰 테두리의 새빨간 옷을 입은 산타클로스는 크리스마스에 없어서는 안 되는 인물이다. 이 산타클로스의 원형이 된 것은 성 니콜라스라는 성인이 12월에 어린이들에게 선물을 나누어 주었다는 데서 유래한다. 그 후 산타클로스는 그를 모델로 만들었지만 산타클로스 복장에 통일성은 없었다. 자료에 의하면 파란색 옷을 입은 산타클로스도 있었다. 그리고 1931년 코카콜라사가 광고를 목적으로 이 성 니콜라스 사제복을 토대로 자사自社의 이미지 컬러를 넣어서 빨간 옷을 입힌 것이 산타클로스의 이미지로 알려지게 되었다. 꿈이 있는 이야기 속에서 광고라는 상업적인 냄새가 좀 난다. 어린이에게는 비밀로 하고 싶은 부분이다.

1

산타클로스는 왜 빨간색인가?

꿀꺽~

2

옛날 자료에는
파란색 산타도 있다

메리   크리스마스!

3

산타의 모델은
성 니콜라스라고 알려져 있다

자 이것을
줘야지!

4

빨간색의 이미지가 정착한 것은
음료 메이커의 광고

그래서
산타가 마신다

5

그리고 빨간색인 팽창색의 이미지도
한 몫 했던 건 아니었을까?

스륵스륵

조금 뚱뚱한 이미지가 침투

6

이대로 가면

팽창색
신드롬입니다

멀뚱-

분홍색을 좋아하는 사람의 기본성격
온화하고 상냥한 성격인 사람. 유복한 가정에서 자란 사람이 좋아한다

분홍색을 좋아하는 사람

분홍색은 지적교양도가 높고 유복한 가정에서 자란 사람이 좋아하는 경향이 있다. 분홍색을 좋아하는 사람의 대부분은 온화하고 평화주의자가 많다. 그 중에서도 연하고 부드러운 색을 좋아하는 사람은 품위 있고 배려 깊은 사람이다. 빨간 색에 가까운 짙은 색에 끌리는 사람은 활동적이고 정열적인 면도 있다.

분홍색은 부드러운 색이어서 여성들이 좋아하는 경향이 있다. 온화하고 다정한 성격의 사람이 많고, 상처받기 쉬운 섬세한 사람도 있다. 혼자 있으면 여러 가지 공상을 즐기고 멋있는 결혼이나 연애를 꿈꾸는 경우도 많다. 분홍색을 좋아하는 남성도 부드러운 성격의 소유자이며 마음이 넓은 유형의 사람이 많다. 예민한 성격이면서 더 예민하게 보이고 싶어 하는 사람도 있다. 또 다양한 방면에 흥미를 느끼지만 스스로 찾는 행동력까지는 없다. 타인에게 의존하는 경향도 있다.

특징적인 것은 특별히 분홍색을 좋아하지도 않은데, 갑자기 분홍색이 마음에 드는 경우가 있다. 이런 사람은 남성의 시선을 자기 쪽으로 향하도록 하기 위하여 의식적이든 무의식적이든 분홍색을 가까이 하게 된다. 분홍색은 사랑의 색깔이다. 사랑을 하면 분홍색에 끌리는 경향을 보인다.

분홍색을 싫어하는 사람

분홍색은 생활환경에서 괴로움을 겪어온 사람은 싫어하는 경향이 있다. 성실하고 노력가인 사람도 분홍색을 받아들이는데 어려움을 느낀다. 일을 제일 우선으로 생각하는 사람이나 검정색과 곤색을 좋아하는 사람도 분홍색을 싫어한다. 분홍색이 지니는 느슨함에 저항감을 갖는 사람도 적지 않다.

🗨️분홍색을 좋아하는 사람에 대한 충고

분홍색을 좋아하는 사람들 중에는 독서와 회화를 좋아하는 사람이 많다. 그리고 그러한 선입견으로 인해 자신들이 '무엇인가 하고 싶다'라는 기분이 들어도 행동으로 옮기지 못하는 사람이 있는 것은 아닐까? 그런 사람은 빨간색을 이용하여 포인트를 주는 것도 좋다. 분명히 빨간색이 지닌 힘은 당신의 행동을 지지해 줄 것이다.

1

분홍색을 좋아하는 사람은

3

멋진 결혼을 동경하고 있다

2

유복한 가정에서 자란

온화한 성격의 사람이 많고

4

공상가도 많다

그 사람이, 호호호

이제 내 사랑이라면!

분홍색의 심리효과 / 분홍색의 에피소드
정신적으로나 육체적으로나 젊어지는 색

분홍색은 온화함의 상징이고 가련한 여성을 표현하는 색으로 사용된다. 연분홍색은 온화함이 느껴져 보고 있는 것만으로도 행복하게 한다.

어쨌든 분홍색은 많은 사람이 호감을 가지는 색이다. 일 때문에 초조할 때 분홍색을 보면 마음이 안정된다. 공격적인 감정을 부드럽게 감싸주는 효과도 있지만 팽창색이어서 날씬한 사람이 입으면 퍼져 보일 수 있다.

분홍색은 느슨함이 있기 때문에 여성적인 면에 저항감이 있는 사람은 싫어한다. 캐리어우먼 등은 분홍색을 싫어하는 경향이 있다. 그러나 분홍색을 잘 사용하는 여성은 많은 장점을 누릴 수 있다.

❤분홍색은 회춘을 가져다주는 약

분홍색은 사람들의 내분비계를 활성화하고 회춘을 촉진시키는 효과를 가지고 있다. 분홍색은 정신적으로도, 육체적으로도 피부를 윤택하게 하는 등 심신을 젊게 한다. 분홍색 셔츠나 속옷을 입고 명도가 높은 방에서 생활하는 것만으로도 좋다. 또 흰색 계열의 방도 미인을 만들어 준다고 한다. 연분홍색이나 흰색은 여성의 신체적 활동을 촉진시킨다. 게다가 적당한 운동을 한다면 더욱 더 아름다워질 것이다.

❤분홍색은 편안한 색

분홍색은 사람의 마음을 느긋하게 하는 효과도 가지고 있다. 성격을 온화하게 하고 근육을 이완시킨다. 분홍색 방에서 생활하면 병을 치유하는 효과를 기대할 수도 있다. 그러나 지나치게 분홍색을 사용하면 역효과를 낼수 있으므로, 균형있게 활용하는 것이 중요하다.

1

분홍색은 매우 몸에 좋다

2

느긋하게 하는 효과도 있고

3

내분비계를 활성화하여

반질

반질

회춘에도 효과가 있다

4

피곤할 때 분홍색을 보면
피곤이 풀린다

맞아

5

그러나 핑크영화에는
효과가 없다

핑크
사랑

6

아이를 낳은 엄마는 아이와
함께 분홍색을 입기를 권한다

온화해진다

파란색을 좋아하는 사람의 기본성격
예의바르고 겸손한 사람이 많다. 조화와 협력을 중요시한다

♥ 파란색을 좋아하는 사람

파란색을 좋아하는 사람은 그룹의 조화나 협조를 위하여 조정을 잘 하는 사람이 많다. 예의 바르고 겸손한 사람도 많고 충동적으로 행동하는 사람보다도 계획적으로 행동하는 사람이 좋아하며, 또 신중한 성격으로 성실하며 규율을 잘 지키는 평화주의자가 파란색을 좋아하는 경향이 있다.

스카이블루나 아쿠아블루 등의 밝은 파랑을 좋아하는 사람은 감성이 풍부하고 자신의 생각을 자유롭게 표현한다. 사교적이지는 않지만 무엇인가를 통해서 세상과 소통하려고 한다. 곤색 등의 짙은 파랑을 좋아하는 사람은 지성적인 사람으로 다른 사람에 비해 많은 우월감을 가지고 있다. 기업가와 교육자도 짙은 파랑을 좋아한다. 역으로 말하면 짙은 파랑을 좋아하는 사람은 기업가와 교육자에게도 적합하며 여성은 자립심이 강하고 일에 보람을 느끼는 사람도 있다.

반면 파란색을 좋아하는 사람의 약점으로는 완고한 면이 있고, 자기의 생각이 항상 옳다고 생각하는 것이다. 후배나 약한 상대에게는 매우 부드럽게 대하지만 강한 상대나 상사에게는 위축되어 자신의 의견을 관철시키지 못한다. 싸우는 것을 싫어하는 성격이 불리하게 작용되는 일이 많다. 호전적이 되는 경우가 파란색을 좋아하는 사람에게 많은 것은 파란색이 광범위하게 쓰이기 때문이라고 생각된다. 파란색은 보는 시각에 따라서 좀 다르다.

♥ 파란색을 싫어하는 사람

파란색을 싫어하는 사람은 소수이며 기본적으로 많은 사람들이 받아들인다. 그런데도 파란색을 좋아하지 않는 사람은, 큰 실패를 하고 힘든 삶을 살아온 사람인지도 모른다. 힘들게 살아 본 경험이 있는 사람은 파란색에 대한 거부감을 보인다.

🗨️파란색을 좋아하는 사람에 대한 충고

파랑은 직감력과 결단력, 탐구심 등을 자극하는 색이다. 일 등에서 효율적으로 잘 발휘하면 자신의 잠재능력을 끌어낼 수 있다. 조화를 이루는 색이므로 동료나 상사, 부하의 도움을 받을 때에는 파란색 옷을 입는 것도 효과적이다. 단, 건강하지 않을 때 파란색을 입으면 지나치게 침울해질 수 있으므로 주의해야 한다.

파란색의 심리효과 / 파란색의 에피소드
많은 사람이 좋아하는 색. 진정효과도 있다

파란색은 세계적으로 많은 사람들이 좋아한다. 행복을 가져다주는 '파랑새', '헤븐리블루' 등의 말이 있고 평화와 행복의 상징으로 사용되는 경우가 많다. 영국에서는 명문에 대한 것을 블루 블록드로 표현하고, 왕실이나 왕가의 여성은 '로얄블루'라고 하는 짙은 파랑의 옷을 맵시있게 입는다. 천주교에서는 마리아를 상징하는 색이며 희망의 색으로도 사용한다. 또, 젊음을 상징하는 색이기도 하고, '청춘'의 의미로 사용하기도 한다. 이렇게 파란색에는 좋은 이미지가 많다.

그렇지만 다른 한편으로는 미숙이나 슬픔, 애수 등의 이미지도 따라 다닌다. '풋내나다'의 파란색은 미숙하다는 의미이고, 침울해지면 '블루가 된다'라고 표현하며 임산부의 '마티니티블루'란 말도 있다. 파란색은 한색이라고 불리는 차가운 이미지도 있어서 부정적인 이미지를 나타내기도 한다.

또, 파란색은 여러 가지 심리효과를 지니고 있다. 파란색에는 심신을 안정시키는 효과가 있으며 혈압을 내려가게 하는 작용도 한다. 후퇴색으로 알려져 있으며, 실제의 위치보다도 뒤에 있는 것처럼 보인다. 또 시간을 짧게 느끼게 한다.

💙 마음을 안정시키는 색

파란색은 사람의 심신을 평온하게 하며 혈압을 내려가게 한다. 호흡을 고르게 하여 근육을 이완시키는 작용도 한다. 불안한 상태를 경감시켜 준다. 또 연한 파랑은 기분을 안정시켜주고 피로를 경감시켜 주며, 짙은 파랑은 기분을 진정시키는 효과도 있다.

1

파란색은 마음을 평온하게 한다

2

혈압을 떨어뜨리고
호흡도 고르게 하여

안정시켜 주는 색

3

이기 때문에 파란색계열을
권한다

4

또 밤에 집에서 일을 해야만 할 때
에는 빨간색 옷이 좋다

잠이 깨어 버틸 수 있다

5

잠자기 전에 옷을 갈아입으면

파란색효과를 기대할 수 있다

6

여유롭게 잠을 잘 수 있을
것이다

드르렁~

🗨️ 신호는 녹색인데 왜 '파란색'이라고 하는가?

교통에서 사용하는 신호등은 국제적인 약속으로 '적 · 황 · 녹'으로 정해져 있다. 1930년 신호등이 등장했을 때는 녹색 신호라고 불렀다. 그러나 일반 사람들이나 신문지면에서 파란색 신호라고 불러 그것이 정착되었다. 그리고 1947년에는 법령에서도 파란색 신호라고 부르게 되었다. 새로운 신호는 녹색에서 파란색에 가까운 색이 되었다. 그것은 파란색 신호인데 녹색이라는 불만이 많았기 때문이었다. 녹색을 파란색으로 부르는 이유에는 여러 설이 있지만 본래 '허가'를 나타내는 녹색이 보다 '안전' 하다는 의미를 강하게 지닌 파란색으로 바뀌었다고도 생각할 수 있다. 아이가 '왜 녹색인데 파란색 신호라고 해?'라고 질문한다면 부모는 조금 난감해질 것이다.

🗨️ 피카소가 느낀 파란색의 세계

피카소는 화풍이 크게 변한 작가로 유명하다. 그의 그림이 온통 파랗고 어두운 색조여서 '청색시대'라고 하던 때가 있었다. 친구의 자살로 충격을 받아 파리의 가난한 생활 속에서 그는 어두운 파랑으로 그림을 그렸다. 이 시대에 그렸던 자화상은 마치 망령과 같은 얼굴을 하고 있다. 청동빛 볼의 움푹 패인 생명력이 없는 얼굴이 떠오른다. 그는 자신을 지배하는 음울한 기운을 어두운 파랑으로 표현한 것은 아닐까? 피카소는 그 후 연인이 생겼고 그림은 밝은 색조로 바뀌어 '연분홍색 시대'가 되면서, 그 유명한 '큐비즘'으로 접어든다. 그리고 만년에 그는 대담하고 다양한 색채의 그림을 그린다. 그가 이 화풍에 이르게 된 것은 파리에서 어두운 블루에 휩싸였던 혼돈의 시대가 있었기 때문이 아니었을까? 그렇다. 파란색은 '미래'를 나타내는 색이기도 하다.

1

1930년 신호등이 등장했다

2

외국의 사례에서
'빨간색·노란색·녹색'의 3색으로

반짝

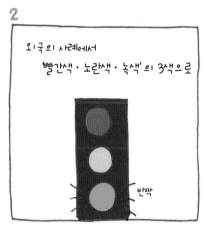

3

하지만 사람들은 녹색을
파란색이라고 부르게 되었다

파란색이다

4

그 이유는

녹색야채 → 파란 것

녹색과 파란색의 구별이 애매

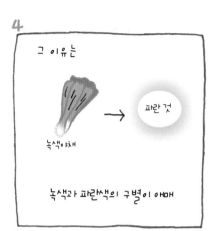

5

녹색(허가) →
　　　　파란색(안전)이 되었다

등 확실하지 않은…

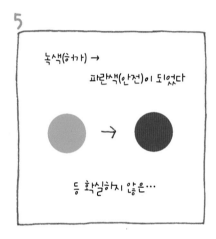

6

최근에는 혼동하기 쉽다는
　　　　　불만이 많다

엣!

청신호는 파란색에 가깝게 되어 있다

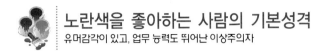

노란색을 좋아하는 사람의 기본성격
유머감각이 있고, 업무 능력도 뛰어난 이상주의자

💗노란색을 좋아하는 사람

노란색을 좋아하는 사람은 지적이고 상승지향이 강하며, 새로운 것과 변화를 매우 좋아하고 호기심과 연구심이 왕성하다. 한마디로 말하면 '도전자'이다. 유니크한 성격의 사람도 많고, 주위 사람에게 호감을 주는 인물이기도 하다. 비지니스에서도 색다른 아이디어를 가지고 있고 성공으로 이끄는 재능과 추진력이 있는 사람이 많다. 이상주의자이기도 하며 여러 가지를 구성하는 능력이 뛰어나고 성취를 향해 나아간다. 새로운 것을 매우 좋아하지만 싫증을 잘 내고 끈기가 결여되어 있는 사람도 있다. 좋은 의미든 나쁜 의미든 타산적인 경우가 있다.

노란색은 어린이가 좋아하는 색이며 애정을 구하는 색이기도 하다. 누군가에게 의존하는 경향이 있고 자립심이 약한 사람도 있다. 정신적으로 어린애 같은 면도 있고 자유롭게 행동을 하면서 속박받는 것을 싫어하며 튀고 싶어하는 사람도 많다. 직업은 코미디언이 적합하며 말을 잘 하므로 영업사원으로도 어울린다.

또한, 행복에 대해서도 욕심이 많고 행복의 형태를 생각하고 찾는 경우도 많다. 또 만족하지 못하는 애정을 느끼는 사람도 많다. 정신적으로 불안정할 때는 노란색을 보면 안정을 되찾을 수 있다. 똑같은 노란색일지라도 크림색 같은 연노란색을 좋아하는 사람은 안정되어 있어서 균형 감각이 뛰어나다.

💗노란색을 싫어하는 사람

지식이나 교육에 콤플렉스를 가진 사람은 노란색을 싫어하는 경향이 있다. 또한, 보수적이고 정도를 지키는 사람도 노란색을 그다지 좋은 색으로 인식하지 않는다.

🗨️노란색을 좋아하는 사람에 대한 충고

노란색을 너무 사용하면 초조함과 혐오감을 불러일으키는 원인이 된다. 인테리어나 패션에서도 많이 사용하면 악영향을 끼칠 수 있으므로, 원포인트나 다른 색과 매치하여 효과적으로 쓰고 싶은 색이다. 단시간에는 집중력이 증가하지만 너무 많이 사용하면 정신이 산만해지기 쉽다.

1

노란색을 좋아하는 사람은

호기심이 왕성

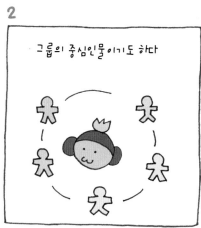

3

이상주의자로 비즈니스에 대한 센스도 있다

좋아, 서울의공원을 사야지!

2

그룹의 중심인물이기도 하다

4

하지만

점차   점차

코미디언에 적합하다

노란색의 심리효과 / 노란색의 에피소드
태양을 상징하는 희망의 색. 국가에 따라서 상징하는 것이 다르다

노란색은 '희망', '행복', '유쾌' 등의 좋은 이미지를 지닌 반면 '위험', '주의', '불안' 등의 부정적인 이미지도 지닌다. 노란색은 세계적으로도 평가가 엇갈리는 미묘한 색이다. 인도와 중국, 말레이지아 등에서는 고귀한 색으로 숭배되지만 기독교권에서는 유다가 입은 옷 색깔이므로 싫어하는 경향이 있다. 이슬람교에서도 '죽음'을 나타내는 불길한 색이다. 색채 심리에서는 시인성이 높은 색이므로 검정색과 배합하여 위험을 알리는 표시나 주위를 환기시키는 표시 등으로 활용된다. 황금대용으로 자주 사용되고 태양의 상징으로 사용된다.

♥노란색에 매료된 화가 고흐

노란색이란 말을 듣고 맨 처음 생각나는 화가는 고흐가 아닐까? 빈센트 반 고흐는 27세에 화가가 되어 37세에 자살로 생을 마감할 때까지 약 800점의 유화를 남겼다. 그의 작품은 '해바라기', '씨 뿌리는 사람'으로 대표되듯이, 온통 노란색인 작품이 많다. 남프랑스 아를르에서는 고흐가 유토피아를 꿈꾸며 빌린 집 '노란색 집'에서 친구인 고갱과 함께 생활을 한다. 노란색 집과 그림 등 현실에서도 그는 전 생애를 통해 노란색의 지배를 받는다. 노란색은 태양의 색이고 희망의 색이기도 하지만 너무 사용하면 정신적으로 악영향을 끼치는 색이기도 하다. 고흐는 정신적으로 병들고 노란색에 매료된 화가였다. 그는 노란색에서 어떤 빛을 발견한 것일까?

1 희망의 상징인 노란색

2 아이들은 태양을 그릴 때
노란색을 선택한다

3 빛을 표현하는데

사용되는 색이기도 하다

4 흰색을 띤 달이라도
노란색으로 그린다

5 달을 바나나로 잘못 본 원숭이가
나무에서 떨어졌습니다

원숭이
뉴스와이드

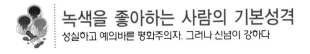

녹색을 좋아하는 사람의 기본성격
성실하고 예의바른 평화주의자. 그러나 신념이 강하다

🗨 녹색을 좋아하는 사람

녹색을 좋아하는 사람은 사회의식이 강하고 성실한 사람이다. 평화주의
자이고 주위 사람과 잘 어울리지만 경계심이 강한 사람이 많다. 사교적이
며, 사람과의 교제도 무난하게 잘하지만 마음속으로는 남을 잘 신용하지
않는다. 사람도 그 나름대로 좋아하지만 사실은 동물이나 자연 속에서 우
아한 생활을 하고 싶어 한다. 예의바르며 순수하고 겉과 속이 그다지 다르
지 않다. 자신의 신념을 겉으로 나타내고 그곳을 향해 나아간다. 녹색을
좋아하는 사람에게 신념을 물어보면 대부분의 사람이 자신의 신념을 솔
직히 말한다.

또한 호기심은 많은데 스스로 적극적으로 움직이기보다는 동료 누군가가
말을 걸어 주기를 기다리는 유형이 많다. 모든 일을 끝까지 섬세하고 사려
깊게 확인한다. 운동보다도 음식물에 흥미가 있기 때문에 녹색을 좋아하
는 사람은 다소 과체중이 될 지도 모른다.

똑같은 녹색일지라도 황록이나 애플그린 같은 황록빛을 띤 녹색을 좋아
하는 사람은 유연하고 우호적이며 녹색을 좋아하는 사람보다도 사교적이
다. 활동적이며 인간적인 부드러움도 지니고 있다. 한편 진녹색과 같은 안
정된 녹색을 좋아하는 사람은 세련된 사람이 많고 성격도 온화하다. 형제
가 없는 외동인 사람도 진한 녹색을 좋아하는 경향이 있다.

🗨 녹색을 싫어하는 사람

매우 불안해하거나 외로움을 타는 사람은 녹색을 싫어하는 경향이 있다.
녹색에서는 외로움을 증폭시키는 냉랭함이 느껴진다. 항상 군중 속의 고
독을 느끼고 있는 사람도 녹색을 좋아하지 않는다. 녹색이 갖는 온화함에
반발하는 사람도 있다.

🗨️녹색을 좋아하는 사람에 대한 충고

사람은 과로가 누적되면 신경쇠약의 초기 증상이 나타나고 장래에 대한 불안에 휩싸이는 경우가 많다. 우유부단할 때나 명확한 판단이 필요할 경우는 녹색 계열의 옷을 입는 것이 좋다. 장래에 대해 불안을 느낄 때는 오렌지나 노란색 소품을 가짐으로써 불안을 누그러뜨릴 수 있다.

1

녹색을 좋아하는 사람은

끄덕~   끄덕~

조화를 위해 노력하는 평화주의자

2

예의 바르고 순수하다

신세 많이
졌습니다

3

몸을 움직이기 보다는

맛있는 것을 매우 좋아함

4

그래서 과체중으로

녹색의 심리효과 / 녹색의 에피소드
평화와 자연의 색. 진정작용과 진통작용도 있다고 한다

녹색은 대자연과 평화의 색이다. 파란색과 빨간색처럼 많은 사람이 좋아한다. 편안함과 온화함의 상징이며, 보고 있으면 실제로도 눈을 쉬게 하는 효과를 준다. 이슬람교에서의 녹색은 고결함과 신성한 것으로 인식되며, 기독교에서는 영원한 사랑과 생명을 나타낸다.

녹색은 신경계통의 진정작용과 진통효과가 있고 스트레스를 완화시켜 주는 색이기도 하다. 현대에서 녹색은 의학과 약학의 상징으로 되어 있다.

녹색은 난색과 한색의 중간 정도여서 강한 심리효과를 갖지 않는다. 녹색에서도 청녹색에 가까워지면 다소 한색 계열의 기능을 갖게 된다.

● 그림물감은 뭐니뭐니해도 비리디언?

어려운 이름인데 모두 알고 있는 녹색 비리디언은 그림물감으로 사용되고 있는 색이다. 이 비리디언은 1800년대에 프랑스에서 발견된 안료(顔料)로서 라틴어로 '녹색성장'을 나타낸다. 비리디언은 녹색보다도 더 진한 녹색이다. 그림물감에 사용하는 색은 JIS라는 일본공업규격에 정해져 있다. 이런 복잡한 색을 그림물감으로 사용하는 이유는 뛰어난 발색성(發色性)과 혼색성(混色性) 때문이다. 비리디언은 녹색보다 자연에 존재하는 녹색에 가까운 색을 표현할 수 있고 연녹색을 섞으면 녹색을 간단히 만들 수 있는 등 그림물감으로서 좋은 성질은 가지고 있다. 단, 빨강·노랑·검정의 그림물감 중에서 녹색만이 '비리디언'이다. 이것에 대한 설명이 없는 것은 어린이의 상상력을 시험하고 있음에 틀림없다. 그렇게 믿고 있다.

1

비리디언이라는 그림물감이 있다

2

왜 비리디언이라고 했을까?

3

비리디언은 그 뛰어난 성질로

와, 결정!

그림물감으로 사용되었다

4

그래도 그림물감을 사용하는
어린이에게는 설명되지 않는다

모릅니다

질문

5

어린이의 상상력을 얕보아서는
안 된다

물감이 떨어짐

꼴찌는 녹색입니다

6

아이들은 스스로 문제를 해결한다

허걱!

꼴찌입니다

🔊 달러지폐는 왜 녹색인가?

미국달러가 세계의 지폐를 대표하듯이 지폐에는 녹색이 많다. 옛날 지폐는 현재와 같이 안정감이 없고 종이가 언제 변할지 모르는 위험한 존재였다. 이 때문에 녹색을 사용하여 정신적으로 안정감과 신뢰를 주기 위한 것은 아니었을까? (유럽의 어떤 연구자는 불안정한 정세이므로 지폐는 불안정한 색채인 녹색으로 했다는 설을 주장하고 있지만, 불안정한 것을 불안정한 색으로 할 때 장점이 없으므로 이 생각에는 동의할 수 없다) 세계에는 선명한 색의 지폐도 있지만, 지폐가 욕망을 자극하는 색이라면 범죄율이 증가하지 않았을까? 역시 지폐색은 안정된 색이 좋다. 기독교에서의 녹색은 영원한 존재이며 영원한 사랑을 나타낸다. 지폐의 녹색에는 이러한 바람도 가지고 있다고 믿고 싶다.

🔊 녹색을 보면 부자가 된다?

녹색에는 인간이 갖고 있는 욕망을 채워주는 기능이 있다고 알려져 있다. 녹색에는 소원이나 생각을 형상화시켜주는 힘이 있기 때문에 소원이나 꿈이 있는 사람은 녹색을 보는 것이 좋다. 또한, 제드그린과 같이 선명한 청녹색에는 행운이나 금전운을 향상시켜주는 힘이 있다. 또한, 돈이 모이는 색이라고도 한다. 그러고 보니 중앙경마를 운영하는 특수법인색도 녹색이다. 녹색은 병을 치유하고 안심시키는 등 마음을 온화하게 하는 힘과 함께 성공과 금전운을 불러들이는 힘도 가지고 있다. 만약 녹색을 보고 있으면 부자가 될지도 모른다.

1

세계에는 녹색 돈이 많다

2

옛날에 돈은 불안정하였다

대공황이다

3

그래서 안정감이 있는 녹색이
사용되었다

이것

4

부드러운 녹색은 진정작용이 있다

5

그러므로 녹색은 돈에 적합하다

그러네

6

하지만 진녹색은 적합하지 않다

마작

기분이 흥분된다

주황색을 좋아하는 사람의 기본 성격

경쟁심이 강하고 지는 것을 싫어한다, 희로애락이 심한 행동파

주황색을 좋아하는 사람

주황색을 좋아하는 사람은 활동적이고 건강한 사람이다. 단, 본인이 활동적이라고 느끼는 사람은 그다지 없다. 머리 회전이 빠르고 사교적이어서 많은 사람과 어울리기를 좋아한다. 결혼에 대한 생각이 희박하고 결혼에 인연이 없는 사람들이 많다. 기본적으로는 낯가림을 하지 않고 개방적이지만, 그 중에는 주황색을 좋아하지도 사교적이지도 않은 사람도 있다. 하지만 대부분 누구와도 똑같이 어울릴 수 있는 유형의 사람이 많다. 경쟁심이 강해서 지기 싫어하고 감정의 기복이 심하다. 상대방을 지배하려는 욕망이 강하여 한번 생각한 것을 관철하려는 의지도 강하다. 집중력이 뛰어나며 능률적으로 일을 추진한다. 디자인과 색채에 대해서도 민감하고 센스도 있다. 이야기를 하는 것도 좋아해서 많은 사람 앞에서 억지로 자리의 분위기를 띄우려고 무리를 하는 경우도 있다. 그러나 행동이나 언동만큼 몸은 건강하지 않다.

주황색을 싫어하는 사람

주황색을 싫어하는 사람은 집안에 틀어박혀 있거나 우울한 감정에 빠지기 쉽다. 여러 가지 일을 하다가 갑자기 싫증을 내며 무기력해지기도 한다. 이상한 것은 주황색을 좋아하는 사람도 일시적으로 주황색을 싫어하는 사람과 같은 상태가 되기도 한다. 이때는 사교적인 행동이 더 도움이 되며 친구의 도움을 받아야 할 것이다.

🗨️주황색을 좋아하는 사람에 대한 충고

기분이 조금 침울할 때일지라도 좋아하는 주황색 옷을 입으면 기분이 릴렉스해져서 웃는 얼굴이 될 것이다. 욕구불만이 생길 경우에는 살구빛깔 등의 부드러운 색상의 주황색옷을 입는 것이 좋다. 기분이 고조되어 있을 때에는 원 포인트로 빨간색이나 노란색을 사용해 보면 의외로 기분이 안정된다.

주황색의 심리효과 / 주황색의 에피소드
활동적이고 환희의 색, 화려하고 즐거움의 상징이기도 하다

주황색은 과일인 오렌지의 이름이 붙어 있어 친숙해지기 쉬운 색이다. 활동적이고 밝은 환희의 색이다. 화려하고 즐겁고 캐쥬얼한 이미지를 가진 색이기도 하다. 할로윈을 상징하는 색으로도 유명하다. 옛날에는 귤과의 상록저목常綠低木(겨울에도 잎이 떨어지지 않고 사철 푸른 상태)인 등자나무에서 등자나무색(주황색)이라고 하였다. 타이와 인도, 버마, 네팔 등의 승려는 주황색 법의를 입는다. 이 법의의 색은 봉사와 지복至福, 사랑을 나타낸다. 덧붙여 말하면, 숙취일 때 주황색 옷을 입으면 증상을 악화시키므로 입으면 안 된다고 한다.

🗨️ 터널전등이 주황색인 이유

고속도로 등의 터널에서는 주황색 전등이 사용된다. 앞 차를 볼 때 백광색이나 파란색의 조명보다도 주황색 빛이 멀리까지 보이기 때문이다. 이 주황색의 정체는 '나트륨등'이라고 한다. 주황색은 먼지나 가스등의 장애물이 있어도 멀리까지 내다 볼 수 있는 것이 특징이다. 게다가 난색이므로 잠을 유발하는 경우도 적다. 터널에서 잠을 유혹하는 색은 바람직하지 않다. 즉 주황색 조명은 안정성에서는 매우 도움을 주지만 한 가지 단점이 있다. 그것은 시간이 길게 느껴진다는 것이다. 생각한 것보다도 터널이 길어서 초초한 적이 있을 것이다. 이것은 시간을 길게 느끼게 하는 난색의 특징 때문이다. 이 구조를 안다면 반대로 시간의 길이를 즐길 정도의 여유 있는 운전이 바람직하다.

1

터널에서는 주황색 빛이
사용된다

2

주황색 빛은 멀리까지 닿는다

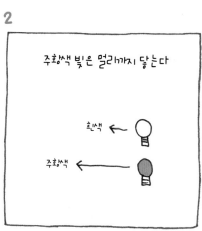

3

가스 등의 영향을
좀처럼 받지 않는다

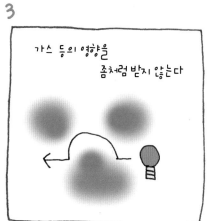

4

매우 기능적인 주황색이지만
단점도 있다

5

터널 안에서 시간이 길게 느껴진다

6

시간감각이 마비된다

그 밖의 색깔의 기본성격

보라

보라색은 매우 어려운 색이다. 활동적인 빨간색과 차가운 느낌의 파란색을 섞어 만든 까닭인지 몰라도 보라색을 좋아하는 사람은 실제로 복잡하다. 보라색은 고귀함과 천박한 이미지를 동시에 갖고 있기 때문에, 어떻게 사용하는가에 따라 크게 변한다. 보라색을 좋아하는 사람은 일반적으로 감성이 풍부한 예술가인 경우가 많고 다른 사람을 그다지 신용하지 않는 사람이 많다. 또한 보라를 좋아하는 사람은 보라색의 고귀함에 이끌리는 경우가 많다. 자신도 남에게 고귀하게 보이고 싶은 바람이 강한 사람이다.

와인레드

약간 보라를 띤 진한 빨간색의 와인레드는 외향적이지만 감수성이 예민한 사람이 좋아하는 경향이 있다. 정열적인 빨간색을 좋아할 정도로 직선적인 성격은 아니고, 약간 신비적이고 개성이 강한 사람이나 그런 사람이 되고 싶은 사람이다. 실제로 보라에 끌리지만 보라를 좋아하는 자신을 부정하기도 한다. 이상가이지만 이상을 실현시키기 위한 노력은 부족하다. 좋은 의미로든 나쁜 의미로든 여성적이고, 감정적이며 부드러운 성격을 가진 사람이 많다.

연보라색

연보라색은 헤이안시대부터 연한 청자색을 가리키는 말로 사용되었고 많은 가인歌人이 좋아했던 고귀한 색채이다. 연보라색을 좋아하는 사람은 섬세하고 뛰어난 감성을 가졌다. 창조의 색이라고도 하며, 보고 있으면 창의력이 생긴다. 감각파인 사람, 디자이너와 음악가가 좋아한다. 칭찬받으면 발전하는 성격인 사람이 많다. 또한, 파란색을 좋아했던 사람이나 보라색을 좋아했던 사람이 점차로 연보라색을 좋아하게 되는 경우도 있다.

💙 갈색

갈색은 책임감이 강하고 안정감이 있는 침착한 성격인 사람이 좋아한다. 그다지 말을 하지 않고 표현력은 없지만 남을 싫어하지는 않는다. 눈에 띄는 존재는 아니지만, 없으면 뭔가 부족한 듯한 느낌이 드는 인물로 모든 사람이 호감을 갖는 타입이다.

1

보라색을 좋아하는 사람은

감각과 직감이 살아 있다

3

고귀한 이미지를
갖고 싶어 한다

2

다른 사람을 신뢰하지 않는다

저 녀석은
신뢰할 수 없어

4

신기한 컬러도 많다

우리는 악마다

좋아하는 색과 성격의 관계, 좋아하는 색은 항상 변한다
점차 변해서 좋아지는 색

어린아이 중에는 남녀에 관계없이 노란색이나 분홍색, 흰색에 반응하지만 시간이 흐르면서 좋아하는 색에 개인차가 생긴다. 중학생쯤 되면 좋아하는 색이 완전히 나누어지고 점차 다양해진다. 또 색에 대한 취향은 환경과 성격의 변화로 점점 바뀐다.

예를 들면 검정 밖에 입지 않았던 캐리어 우먼이 결혼을 하여 아이를 낳고 아이에게 연한 색 옷을 입히는 동안, 부드러운 색을 좋아하게 되어 성격도 상냥하고 온화하게 되었다는 예가 있다. 또한 학생 때 파란색을 좋아했던 얌전한 학생이 사회인이 되어 혼자서 생활을 하고 자유로워지면서 빨강이나 주황을 좋아하게 되었다는 예도 있다. 색에 대한 취향은 환경과 성격의 변화에 크게 영향을 받는다.

일반적으로는 파란색→녹색→연보라와 같이 한색 계열로 옮겨가는 패턴과 빨강→오렌지색→노랑과 같이 난색 계열로 옮겨가는 패턴이 많다. 하지만, 갑자기 빨간색에서 파란색으로 옮겨가기도 하고 녹색에서 주황색을 좋아하게 되는 경우도 드물지 않다. 성격이 정반대로 변화한다기보다도 변화를 바라는 마음의 자연스러운 행동일지도 모른다.

또한, 색과 성격의 관계를 어렵게 하는 것으로 복수의 색에 끌려서 복합적인 효력을 갖는 경우와, 좋아하는 색은 따로 있으면서 다른 색을 좋아하는 척하기도 한다. 그런 경우를 생각하면서 자신의 성격과 좋아하는 색을 한 번 더 생각하고 다른 페이지를 보는 것도 재미있을 것이다. 자신의 성격에 대해서 새롭게 발견할 지도 모른다.

1

좋아하는 색은 항상 변한다

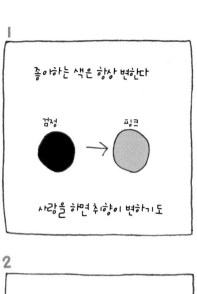

검정 → 핑크

사랑을 하면 취향이 변하기도

4

그러면 거꾸로 좋아하는 색을 바꾸면

결단력 ← → 밝게

성격이 변할지도 모른다

2

전직해서 일의 종류가 변하거나

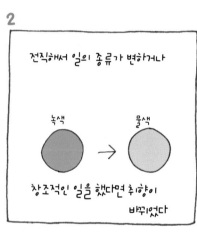

녹색 → 물색

창조적인 일을 했다면 취향이
바뀌었다

5

활동적인 사람이 되고 싶으면
빨간색 · 오렌지

밝은 성격으로 되고 싶고 싶은
사람은 노란색

3

색의 취향은 마음의 상태를
나타내는 거울과 같은 것

6

하지만 성격은 변해도

싫어~

성별은 변하지 않는다

04

알고 있으면 편리한
색채효과

여기서는 색채가 가진 효과에 대해서
보다 자세히 설명한다.
또한 알고 있으면 편리하고 재미있는
색의 효과를 소개하고
색의 동화효과와 대비효과,
소리에서 색을 보는 감각 등
신기한 색의 세계를 소개한다.

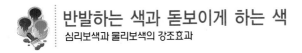

반발하는 색과 돋보이게 하는 색
심리보색과 물리보색의 강조효과

색에는 서로의 색을 돋보이게 하는 보색 관계가 있다. 색상환의 반대색으로 빨강에 대해 청록, 보라에 대해 황록이 그렇다. 이것을 보색 중에서 물리보색(혼색보색)이라고 한다. 양쪽 색을 섞으면 무채색이 된다. 이 보색은 여러 분야에서 볼 수 있다. 예를 들면, 참치와 시소(차조기 잎 - 역주)이다. 붉은 참치와 시소의 녹색 잎이 보색관계라 할 수 있다. 시소의 녹색이 참치의 붉은 살을 돋보이게 하여 보다 신선하게 보이는 것이다. 전단지와 광고 등에서도 이 보색관계를 잘 사용하여 글자를 드러나게 한다든지 상품을 돋보이게 하고 있다. 하지만 이 보색이 반드시 상대를 돋보이게 한다고는 할 수 없다. 사용법에 따라서는 색이 너무 강하여 눈이 따끔거리는 백화현상을 일으킬 수도 있으므로 주의해야 한다.

존재하는 2색을 비교하는 보색 이외에도 어떤 색을 계속 보다 눈을 돌리면 색의 잔상이 나타난다. 이것을 심리보색(잔상보색)이라고 한다. 색채학자인 루이스 체스킨은 저서에서 재미있는 심리보색의 예를 소개하고 있다. 어떤 정육점에서 가게 벽을 밝은 크림색으로 바꾸어 칠한 결과, 크림색 벽을 본 뒤 나타나는 청보라 잔상의 영향으로 고기의 선도가 나쁘게 보여 매상부진으로 이어졌다는 것이다. 같은 현상은 정육점 이외에도 일어날 수 있다. 또 다른 예를 들면, 수술실은 붉은 피를 보았을 때 나타나는 녹색과 청록의 잔상을 완화하려고 녹색의 바닥과 수술복을 사용하게끔 되었다. 그런데 이번에는 녹색바닥과 수술복의 심리보색이 나타나 수술을 어렵게 한 것이다. 이 때문에 지금은 자연스런 색을 벽과 수술복으로 쓰고 있다. 아주 어려운 색채의 효과이다.

물리보색

색상환에 있어 반대쪽에 있는 색끼리의 조합. 서로 돋보이게 하는 효과가 있어 전단지 등의 광고, 상품 포장 등에서 눈길을 끄는 조합으로 활용되고 있다

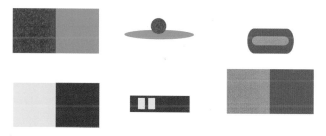

심리보색

좌측의 색을 십여 초 정도 바라본 뒤 우측의 하얀 부분을 보면 잔상이 나타난다

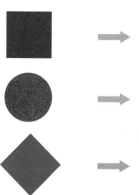

색의 대비효과
색의 차이가 강조되어 다르게 보이는 현상

색은 착각에 의해 여러 가지로 보인다. 주위에 있는 색은 서로 영향을 주며, 영향을 받은 색은 실제 색과는 다르게 보인다. 그리고 이 대비에는 몇 가지의 종류가 있다.

계속대비

어떤 색을 보고 나서 계속해서 다른 색을 보면, 맨 처음에 본 색의 영향으로 심리보색에 의한 잔상이 나타난다. 거기에 있을 리 없는 색이 나타나기 때문에 나중에 본 색이 다르게 보이는 것이다.

동시대비

이것은 인접한 색끼리 직접 영향을 주는 대비효과이다. 색의 차이가 강조되어 다른 색으로 보이게 된다.

✔ 색상대비

중앙의 주황에 주목한 경우 우측은 노랑 배경의 심리보색인 청보라가 나타나고 도안의 주황과 섞여 주황은 파란 색상에 가깝게 보인다. 우측은 빨강의 심리보색인 청록이 주황과 섞여 노랑이 더 보인다.

✔ 명도대비

배경색의 명도가 그림보다 밝으면 그 밝기에 영향을 받아 도안이 어둡게 보이고, 도안보다 어두우면 그 어두움에 영향을 받아 도안은 밝게 보인다.

✔ 채도대비

어두운 회색을 배경으로 중채도의 파란색 도안을 배치한다. 채도가 낮고 어두운 회색 배경에 영향을 받아 중앙의 파란색은 본래의 채도보다 높게 보인다. 거꾸로 채도가 높은 파란색 배경은 중앙 도안의 채도가 낮게 보인다.

계속대비

좌측의 사각을 십여 초 바라본 뒤 눈을 오른쪽 노란색에 맞추면 심리보색
이 나타나 색이 겹쳐 보인다

동시대비

• 색상대비 : 중앙에 있는 주황색이 배경색에 의해 바뀌어 보인다

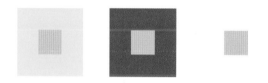

• 명도대비 : 중앙에 있는 회색이 배경색의 명도에 영향을 받는다

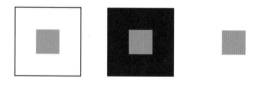

• 채도대비 : 중앙에 있는 파란색이 배경색의 채도에 영향을 받는다

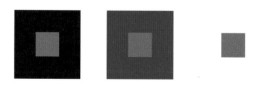

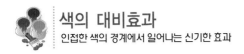

색의 대비효과
인접한 색의 경계에서 일어나는 신기한 효과

색과 색이 접하는 부분에 나타나는 대비효과를 연변대비라고 한다. 인접한 부분이 강조되어 존재하지 않는 것이 보이게 되는 재미있는 현상이다.

🍬 마하밴드

명도가 다른 무채색 띠를 연달아 보면 색과 색이 접하는 부분에 재미있는 현상이 생긴다. 색이 접하는 부분에 연변대비가 생겨 자신의 색보다 고명도의 것과 접하는 부분은 실제의 색보다 어두워 보이고 저명도의 것과 접하는 부분은 실제 색보다 밝게 보이는 것이다.

🍬 하먼그리드

어두운 정사각형을 격자모양으로 나열하면 하얀 격자가 교차하는 십자로 부분에 검은 그림자와 같은 것이 보인다. 흰색은 검정의 영향으로 명도가 강조되지만 교차하고 있는 중앙부분은 대비효과의 영향을 받지 않기 때문에 회색처럼 보이는 현상이 생긴다.

🍬 에이렌슈타인 효과

세로와 가로로 검은 선을 긋고 교차하는 부분을 빼면 마치 하얀 원이 있는 것처럼 보인다. 이것도 대비효과인 연변대비의 하나이다. 같은 식으로 빼낸 부분에 옅은 분홍색 선을 그으면 어렴풋이 분홍의 둥근 형태가 펼쳐져 보인다. 이것을 네온컬러현상이라 부른다.

연변대비

- 마하밴드 : 색이 접하는 부분에 연변대비가 생겨 인접하는 부분이 밝게
보인다

- 하먼그리드 : 흰 격자가 교차하는 십자로의 부분에 검은 그림자와 같은
것이 보인다

- 에이렌슈타인 효과 : 세로와 가로에 검은 선을 긋고 교차하는 부분을 빼
면 마치 흰 원이 있는 것처럼 보인다

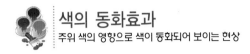

색의 동화효과
주위 색의 영향으로 색이 동화되어 보이는 현상

대비효과는 인접하는 색을 서로 강조하는 효과이지만 인접하는 색을 가깝게 하는 동화효과라고 하는 현상도 있다. 배경에 대해 도안의 면적이 작은(가늘다) 경우에 동화현상이 생기며 면적(폭)이 늘어나면 대비효과로 이동한다. 연구결과에 의하면 선의 가늘기가 3mm 이하일 때 동화현상이 일어난다고 한다. 스스로 동화와 대비의 경계를 찾는 것도 재미있을 것이다.

● 명도의 동화

회색 배경에 희고 가는 선을 넣으면 도안의 흰색 영향을 받아 회색 배경은 밝게 보인다. 거꾸로 회색 배경에 검고 가는 모양을 넣으면 배경의 회색은 어두워 보인다. 이 현상을 명도의 동화라고 한다. 도안의 면적이 작고 선이 가는 경우에 동화현상의 효과는 커진다.

● 색상의 동화

노랑색 배경에 황록색 선을 그으면 노랑색 배경이 파랗게 보인다. 오렌지색 선의 배경은 붉게 보인다. 명도와 같이 색상에서도 동화효과를 볼 수 있다.

● 채도의 동화

갈색 배경에 빨간색 선을 그으면 갈색 선은 선명하게 보인다. 어두운 선의 배경은 쥐색으로 보인다. 채도에서도 동화효과를 볼 수 있다.

연변대비

- 명도동화 : 가는 선의 명도에 영향을 받아 배경인 회색이 밝게 보이거나 어두워 보이기도 한다

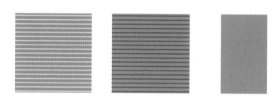

- 색상동화 : 가는 선의 색상에 영향을 받아 배경인 노랑색은 파랗게 보이거나 붉게 보이기도 한다

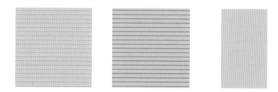

- 채도동화 : 가는 선의 채도에 영향을 받아 배경인 갈색이 선명하게 보이거나 진한 쥐색으로 보이거나 한다

잘 보이는 색과 잘 보이는 조합
색과 시인성의 관계

색에는 쉽게 보이는 색과 그렇지 않은 색이 있다. 어린이에게 노란 모자와 노란 우산, 노란 비옷 등 노란색을 입히는 것은 눈에 띄게 하는 것뿐만 아니라 멀리서도 보이는 색이기 때문이다. 색은 쉽게 보이는 색과 그렇지 않은 색이 있으며 진출색과 후퇴색의 영향도 있다. 그리고, 색의 시인성에 중요한 것은 색을 보는 밝기와 배경에 대한 색의 대비이다. 밖에서 색을 볼 경우 자연광은 조절이 불가능하므로 중요한 것은 색의 배경을 어떻게 할 것인가? 배경에 대해 어떤 색을 조합할 것인가? 이것이 포인트이다.

'건널목의 차단기는 왜 노란색과 검정의 얼룩무늬인가?' 라는 생각을 한 적은 없는가? 위험을 알리려면 빨간색도 좋겠지만 사실 이 문제는 시인성에 있다. 위험을 알리는 차단기는 심리적으로 위험을 나타내는 빨강을 사용하기보다 멀리서도 재빨리 인지할 수 있는 색이 좋다. 배경이 검정인 경우 노란색이 가장 시인성이 높고 다음으로 황록, 오렌지, 빨강 등을 들 수 있다. 어린이들의 비옷과 우산은 노란색이기 때문에 옅게 긴 구름과 하늘 등 어두운 배경에서도 눈에 띈다.

예전에 좁고 어두운 밤길을 운전하고 있을 때 상복을 입고 검은 스타킹을 신은 채 걷고 있는 긴 머리의 여성과 우연히 마주친 적이 있었다. 불과 몇 미터 거리가 될 때까지 전혀 보이지 않았다. 갑자기 나타난 사람의 모습이 유령이라고 생각하고 비명을 지른 적이 있다. 시인성이 나쁜 색은 사실 심장에도 좋지 않다.

1

밖에서 색을 사용할 경우
보이는 법이 중요

2

건널목은 멀리서도 보이게끔

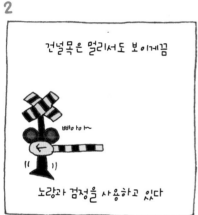

노랑과 검정을 사용하고 있다

3

도로표지도 마찬가지

4

어린이의 비옷은 노랑

5

단색이 아니라 보색이라면

눈에 더 잘 띈다

6

그래서, 혹시 얼룩말이 노랑과
검정 무늬라면...

있다!

멸종되었을지도
모르겠다

석양이 지면 빨강은 잘 보이지 않는다?

프루킨에 현상, 황혼 무렵에 찾아오는 신기한 색의 현상

낮에 선명하게 보이던 빨간색이 저녁 무렵이 되면 갑자기 자취를 감추고 녹색과 파란색이 두드러진다. 낮 동안 눈에 띄지 않던 녹색은 한 순간에 생명력이 넘쳐 보이고 교통표지의 파란색은 어렴풋이 눈에 띄게 된다. 이런 것을 생각해 본 경험은 없는가? 이것은 눈의 움직임과 시세포의 움직임에 의한 것으로 어두워지면 눈이 파란색 계열에 민감해 지는 현상이다. 밝은 낮에는 색에 반응하는 수정체가 우위로 움직이고 어두워지면 밝기만을 감지하는 홍체가 우위로 움직인다. 수정체는 빨간색 등의 난색 계열에 특히 반응하기 때문에 이 기능이 저하되면 상대적으로 파란색 등의 색감각이 예민해진 것처럼 느끼는 것이다. 이 현상을 발견자인 체코의 생리학자의 이름에서 프루킨에(프루키니에)현상이라고 한다.

제 2 장의 '범죄와 색채심리'에서 소개했듯이 범죄방지에 도움이 되고 있는 것은 파란색의 방범등이다. 파란색 조명이 밤에 눈에 띄는 것은 이러한 효과도 있다고 생각된다. 또, 낮과 밤에 따라 보이는 것이 다르므로 어느 시간대에서도 잘 보일 수 있도록 색의 연구가 이루어지고 있다. 중요한 표지 등이 시간대에 따라 보이지 않는 것은 바람직하지 않기 때문이다. 교통 금지, 제한, 지정을 나타내고 있는 규제표지는 파란색과 빨간색 두 가지 색을 사용해 어떤 시간대에서도 잘 보일 수 있도록 되어 있다. 또 두 가지 색을 사용하여 낮이나 밤이나 눈에 잘 띄는 아동복 등도 고안되고 있다.

또한, 저녁무렵 바라보는 바다의 풍경은 각별한 데가 있다. 해가 저무는 파란 바다와 하늘이 인상적이고 그림자가 된 산도 대지도 파랗게 물들어 보인다. '푸른 황혼'이라는 신기하면서 아름다운 풍경도 있다.

1

저녁이 되어 어두워지면…

수고하셨어요~

터벅터벅

2

파란색이 눈에 띄는 것처럼
느껴질 때가 있다

3

이것은 프루킨에 현상이라고 하는 것

4

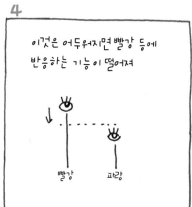

이것은 어두워지면 빨강 등에
반응하는 기능이 떨어져

빨강   파랑

5

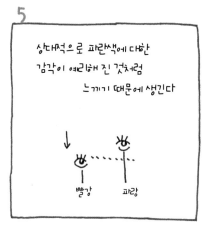

상대적으로 파란색에 대한
감각이 예리해진 것처럼
느끼기 때문에 생긴다

빨강   파랑

6

그렇기 때문에
저녁에 만나는 것은 위험

저 사람…
왠지 빛나
보이는 걸

멍~

색은 피부로도 보고 있다
사실은 피부로도 색을 보며 이완과 긴장을 반복하고 있다

인간의 감각 중에서 시각이 차지하는 비율은 매우 높다. 사람은 대부분의 것을 눈으로 들어오는 정보로 판단한다. 미각 중심의 식사에서조차 시각이 큰 영향을 미치고 있다. 빛이나 색은 시각으로 들어오기 때문에 색의 여러 가지 효과도 눈을 감고 있으면 영향을 받지 않는다고 생각하는 사람은 없을까? 그러나 이것은 착각하고 있는 것이다. 사실은 피부로도 색을 보고 있으며 피부에 의해 여러 가지 색의 심리효과를 받아 이완과 긴장을 반복하고 있다.

빛이나 색채에 의해서도 긴장과 이완상태가 만들어지고 있는데 이것을 도나스(색이나 빛에 의한 근육의 긴장도)라고 한다. 또한 근육이 이완하거나 긴장하거나 하는 상태를 나타내는 것으로 뇌파와 발한에서 수치로 나타나는 라이트 도나스(빛에 의한 근육의 긴장도)라는 것도 있다. 이 수치를 측정하면 근육이 어느 정도 이완되어 있는 지 긴장하고 있는 지를 알 수 있다.

사람은 베이지 등의 명도가 높은 색을 보고 있을 때는 라이트 도나스 수치는 정상치와 거의 같게 나온다. 파스텔 컬러 등 명도가 높은 색도 거의 비슷하다. 파란색도 이완하고 있는 상태이다. 녹색이 되면 다소 긴장상태가 되어 수치가 올라간다. 그리고 노란색, 주황으로 갈수록 완만하게 상승한다. 그리고 빨간색은 가장 긴장하는 색으로 라이트 도나스 수치는 가장 높다. 빨간색 방에 있으면 눈을 감고 있어도 몸은 긴장, 흥분상태가 되어 자고 있어도 빨간 이불과 시트에서는 몸이 쉬질 못한다. 거꾸로 파란색과 베이지 등은 자고 있어도 몸을 편안하게 만든다. 덧붙여 말하면 제 1 장 '사람을 잠으로 유인하는 색'에서 설명한 '멜라토닌'은 눈뿐만 아니라 피부가 빛을 쐬는 경우에도 분비되는 호르몬이다.

1

사람은 여러 가지 것을
눈으로 판단한다

4

베이지에는 릴렉스,
빨간색은 긴장한다

░	베이지
▓	↑ 파랑
░	노랑
▓	↓ 빨강

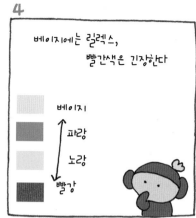

2

그러나 눈으로만 보고 있는 것이
아니라, 피부로도 보고 있다

옛! 정말?

5

그리고, 피부는 빛에 반응한다
빛을 쐬면 기울게 된다

3

그러므로 눈을 감고 있어도 허사다

근육도 색의 영향을 받는 것이다

6

그래서 하루종일
한쪽으로 빛을 받고 있으면...

앗, 항상 창문 아래
있는 사람이네

이렇게...

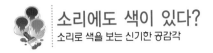

소리에도 색이 있다?
소리로 색을 보는 신기한 공감각

어떤 자극에 의해 생기는 감각이 아니라 다른 감각을 불러일으키는 것을 '공감각'이라고 한다. 공감각을 갖는 사람도 색의 세계에서는, 어떤 글자를 보면 색이 떠오른다거나 향기에서 색을 느끼는 사람 등이 있다고 한다. 이 감각을 가지고 있는 사람은 극히 적지만, 느끼는 사람 사이에서는 다수가 같은 것을 느끼는 것을 보면 실재하는 감각이라고 생각된다. 공감각 중에서도 다른 감각으로 색을 보는 사람이 많다. 그 중에서도 음악을 들으면 색이 보인다고 하는 사람도 있다. 연구자들이 소리와 색의 관계를 연구하고 있지만 같은 결과가 나오는 것도 재미있다. 도는 빨강, 레는 짙은 보라색, 미는 황금색이라는 것처럼 소리와 색은 연결되어 있는 것처럼 보인다. 재미있는 것은 화음에서는 색이 섞여 색채학의 이론과 같은 혼색이 생긴다고 한다. 높은 음은 명도가 높고 낮은 음은 명도가 낮게 나타나는 듯하다. 일부 사람만이 갖는다고 하지만 재미있는 감각이다.

여기서 의문이 생긴다. 높은 영역의 소리를 '노란색의 소리'라고 표현하는데 도대체 이것은 어떤 목소리였을까? 공감각에서는 노란색은 '라'이다. 그리고 고음에서는 황색조를 띠고 있는 듯하다. 공감각을 가진 누군가가 높은 '라' 음을 들고 노란색이 보였던 것이 이 표현의 시작일지도 모르겠다.

공감각자로서 유명한 러시아 작곡가 니콜라이 림스키 코르샤코프와 독일 음악가 프란츠 리스트 등이 있다. 일본에도 미야자키 켄지라는 사람이 있다. 그의 작품은 시각과 후각을 잇는 듯한 표현이 몇 개가 등장하는데, 공감각을 가진 사람에 의하면 그의 작품은 표현력이 풍부하고 아주 공감각적이라고 한다. 이 감각을 이해하는 것은 어렵다.

1

공감각이라는 감각

2

색이 들리거나

3

향기가 보이는 감각

4

공감각을 가진 사람은

10만 명에 한사람이라고 한다

5

방울과 금속음에서 노란색의
이미지를 갖는 것도…

6

하지만 슬프게도

그것은 조건반사이거나…

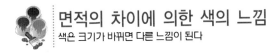

면적의 차이에 의한 색의 느낌
색은 크기가 바뀌면 다른 느낌이 된다

🍃색은 커지면 밝게 느껴진다

색은 면적이 커지면 느낌이 크게 변화한다. 갖고 있는 이미지가 커지기 때문에 밝은 이미지의 것은 더 밝아지고 어두운 것은 더 어두운 느낌이 된다. 특히 주목하고 싶은 것은 밝아지는 쪽이다. 디자인이나 제작현장, 실제로 컬러를 사용하고 있는 곳에서는 어두워졌다는 의견보다 생각했던 색보다도 밝아졌다는 불만을 자주 듣는다. 옷이나 커튼 벽지 등을 주문했지만 색견본과 느낌이 달랐다는 얘기다. 이것은 컬러칩 등의 적은 면적을 보고 색을 결정하기 때문에 생기는 현상이다. 색견본을 사용하여 색을 결정할 경우 보고 있는 색의 이미지대로 하기보다는 1단계에서 2단계 밝아지는 것을 생각하고 정하는 편이 좋다.

🍃사람은 모양을 단순화한다

사람은 무의식적으로 형태와 모양을 단순화한다. 모양을 가진 색이 작은 면적일 경우에는 스트라이프와 체크라는 인식이 있어도 옷과 커튼과 같은 크기가 되면, 사람은 모양이라고 인식하지 않는 경향이 있다. 예를 들면 빨강과 흰색의 체크는 합성색인 핑크로 인식한다. 파란색과 흰색의 스트라이프는 물색으로 인식하는 등 하나하나의 그림을 기억하지 않고, 무심코 전체 이미지로 취급해버리는 것이다. 우리가 사람의 얼굴을 기억할 때도 똑같이 눈의 형태와 코의 형태, 눈의 크기 등을 개별적으로 기억해서 얼굴을 기억하는 사람은 없다. 얼룩말을 회색말로 생각하는 사람은 너무나도 단순화를 잘 하는 사람이다.

1

사람은 무의식적으로
　　형태와 모양을 단순화한다

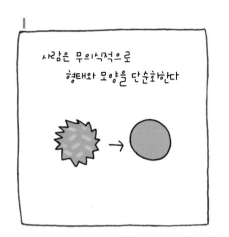

2

스트라이프와 체크는

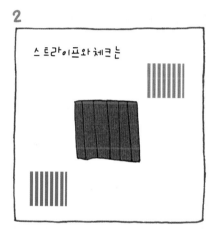

3

면적이 커지면

인식하지 않는 경향이 있다

4

빨강과 흰색의 모양은 핑크로

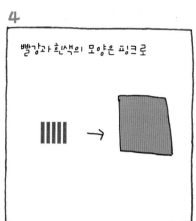

5

파란색과 흰색의 모양은 옅은
　　　　　　　　　물색으로

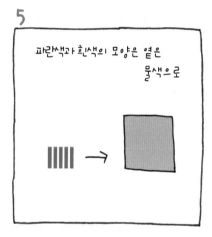

6

얼룩말은…

저건 바보 같은…

기억색
기억되는 색은 특징이 과장된다

색의 기억만큼 애매한 것은 없다. 한눈에 반한 옷이라도 그 자리에서 사지 않는 경우가 자주 있다. 며칠 후 사러 갔을 때 '이런 색이었나?' 하고 느낀 적은 없는가? 며칠 사이에 색이 변해버린 것일까? 아니 바뀐 건 당신의 기억이다. 색은 기억하면 그 특징이 점차 커지는 경향이 있다. 선명한 색은 보다 선명하게 기억에 남기 때문에 다시 원래 색을 봤을 경우 위화감을 갖는다. 사람은 색을 잘 기억하지 못한다. 단어와 문자는 짧은 것이라면 거의 완벽하게 기억할 수 있지만 색은 간단하게 기억할 수 없다. 이것은 왜 그런 걸까?

단어는 변수가 한 개이다. 예를 들면 목소리 톤과 쓰여 진 서체를 생략해도 '동물', '밝다' 등의 단어 자체를 기억할 수 있고 잠시 뒤라도 단어로 재현할 수 있다. 그런데 색은 '분홍색', '황록'이라든지 하나의 변수로 생각할 수 있지만 그 재현에는 색상과 명도, 채도라고 하는 기본적인 세 가지 요소가 필요하다. 그러나 세 가지 요소를 단순하게 색 이름이라는 한 가지 요소로 기억하거나, 경험상의 이미지로 파악하기 때문에 재현이 어려운 것이다. 그렇기 때문에 사람은 특징을 파악하여 기억해 두려고 한다. 그 결과 원래의 색보다 선명한 색으로 기억되는 것이다.

색을 기억하기는 어렵다. 그러나 비결은 있다. 다음 페이지에서 실제로 색을 기억하는 방법을 소개하겠다.

1

색을 기억하는 것은 애매하다

빨간 것

같음

2

어느 날 본 옷이 마음에 들어…

귀엽다

이번에 사야지…

3

며칠 후에 보면
'어?' 한 적이 많다

5일 후

이런 색이었나??

4

그것은 상품이 바뀐 것이 아니라

5일 전　　　　오늘

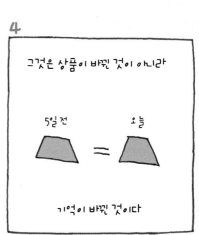

=

기억이 바뀐 것이다

5

기억은 과장되는 경우가 많다

기억

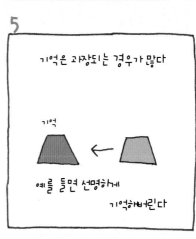

←

예를 들면 선명하게
기억해버린다

6

사이즈도 변했네…

아니 변한건 당신의 몸이다…

기억색
색을 완벽하게 기억하고 재현하는 테크닉

옛날 의류 디자인 일을 하고 있을 때 어느 극장의 유니폼을 담당하게 되었다. 현지에서 만난 의뢰인의 요구는 '이 빨간 융단 위에 섰을 때 비치는 색'이라고 하여 그것을 모두 보았다. 색과 천을 결정할 때에 그 빨간 융단의 색이 필요했지만 모두 디지털 카메라를 가지고 있지 않았기 때문에 융단의 색을 기억해가기로 하였다. 두 사람의 디자이너와 영업부장, 영업담당, 이 네 사람이 색을 기억해가면 거의 틀림없을 것이라고 생각한 것이다. 그리고 전원이 색을 기억하고 회사로 돌아왔다. 하지만 각자가 생각해 낸 것을 색 칩으로 모아 보았더니 완전히 제각각이었다. 어느 것이 맞는지 알 수가 없었다. 나중에 알게 되었지만 나를 제외하고 모두가 틀렸다. 색채감각에 뛰어난 수석디자이너도 틀렸던 것이다.

나만 맞힌 데에는 이유가 있다. 사실은 나는 사소한 비결을 사용하여 색을 기억하고 있었다. 그것은 앞에서 약간 다루었지만 색을 세 가지로 분해하여 기억하고 있었던 것이다. '먼셀색상체계'와 비슷하게 '색상', '명도', '채도'로 나누고 이 빨강은 색상이 4R 정도이고 명도가 4, 채도는 12 정도일거라고 기억하고 있었던 것이다. 여기에 색을 간단히 기억하여 재현할 수 있는 비밀이 있다. 색상이나 명도의 숫자화는 많은 색을 보고 훈련해야 하지만 난이도는 그리 높지 않다. 조금 연습하면 누구나 가능하다. 그리고 누구나가 나중에 간단히 색을 재현할 수 있는 것이다.

나는 색을 본 순간 세 가지 숫자가 보인다. 이 숫자를 기억해두면 한눈에 반한 옷의 이미지가 나중에 없어지지 않으며 시간이 흘러도 색을 재현할 수 있다.

1

색을 간단하게 재현하는

방법이 있다

2

색은 점으로 기억하기 때문에
다시 기억해낼 수 없게 된다

3

색은 그 성질상 세 가지 수치로
분해하면 된다

색상

↑

명도 ← □ → 채도

4

결국 색을 3차원으로 파악하는 것이다

색상

채도

명도

끄덕 끄덕

5

이렇게 기억해 두면
색을 거의 재현할 수 있다

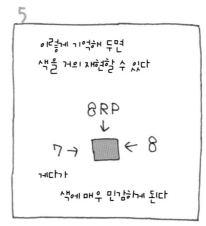

8RP
↓
7 → □ ← 8

게다가

색에 매우 민감하게 된다

6

단, 너무 민감해져 버리면…

싫어,
피부 채도가 0 2 검어졌어

장단점이 있다

05

색 조절

색의 재미있는 효과를 이해하면

그것을 활용하는 것이야 말로 의미가 있다.

여기서는 그 한 예로 패션의

색 조절을 설명한다.

옷과 색의 관계, 퍼스널 컬러 시스템이라고 하는

어울리는 색을 찾는

시스템의 개요를 소개한다.

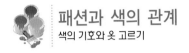

패션과 색의 관계
색의 기호와 옷 고르기

옷은 자신이 좋아하는 색으로 산다. 이것은 기본이고 자신이 좋아하는 색을 옷 색으로 반영하는 것으로 표현의 만족감을 얻는다. 자신이 좋아하는 색만으로 옷을 갖추어 입는 사람도 있고, 그렇지 않은 사람도 있을 것이다. 핑크를 좋아하지만 보통 핑크색 옷은 입지 않는다. 좋아하지 않지만 흰색 옷을 가지고 있으면서 가끔 입는다는 사람도 많다. 있는 그대로의 자신의 감정이나 기분을 옷으로 표현하는 사람도 있는 반면, 표현이 능숙하지 않는 사람, 표현하지 않는 사람도 있다. 세상에 아무도 없다면 많은 사람이 자신이 좋아하는 색만을 입을 것이다. 상대와 규칙이 있기 때문에 자신의 표현력에 제한이 생긴다. 하지만 옷을 본 상대는 입은 사람의 의사에 관계없이 옷에서 그 사람의 이미지를 받아들이게 된다. 여성이 옅은 핑크색 옷을 입고 있으면 여성스러움과 온화함을 적잖이 상대방에게 주게 된다. 옷의 컬러가 상대에게 주는 인상은 크다. 사람은 표정이나 말투에서와 같이 옷의 컬러로 이야기를 하고 있는 사람의 이미지를 강하게 받아들인다. 색이 지닌 의미전달을 이해하여 조절할 수 있다면 말을 하지 않아도 어느 정도의 커뮤니케이션을 도모할 수 있다. 옷은 편리한 커뮤니케이션 도구이다.

여기서 어떤 때에 어떤 색의 옷을 입는 것이 좋을까?

① 옷색이 상대에게 주는 영향. 상대와의 관계, 전하는 메시지성에 대하여
② 옷색이 자신에게 미치는 영향. 심리적으로 자신이 받는 영향

이 두 가지 접근에서 색과 옷의 관계를 찾아보자.

1

사람은 좋아하는 색으로 옷을 산다

2

단 여러 가지 제한이 그것을
방해한다

3

옷의 이미지는 상대에게 전달되고

어때?

4

자신의 옷 색으로 자신도
영향을 받는다

5

옷을 조절하면 자신도 상대의
느낌도 움직일 수 있다

6

옷을 지배하는
자는 로마를
지배한다

지나친걸...

옷의 색이 상대에게 주는 영향
자신의 옷색이 상대에게 주는 심리효과, 이미지

옷 색에 들어있는 메시지를 참고하여 상대에게 어떤 인상을 줄 것인지, 어떻게 보여지고 싶은 지를 조절할 수 있다. 하지만, 색에 따라서 전달되는 이미지와 심리효과에는 양면성이 있다. 어느 쪽이 상대에게 전달되는 지는 다른 색과의 조합 및 다른 요인도 영향을 주기 때문에 주의가 필요하다.

전달 메시지

나에게 주목해줘/화려한 것을 좋아해/나는 건강합니다/눈에 띄고 싶습니다/자극이 필요합니다

- 상대의 인상에 제일 남는 색. 첫 만남의 상대에 쓰면 좋다.
- 회의에는 바람직하는 않은 색. 상대의 의사결정을 산만하게 한다.

전달 메시지

사랑해 주세요/나는 섬세합니다/지켜 주세요/행복합니다/누군가를 보살펴 줍니다

- 상대의 기분을 좋게 한다. 상대의 보호본능 등을 활성화시킨다.

전달 메시지

즐거운 기분입니다/편안하게 대해 주세요/저에게는 목표가 있습니다

- 식욕과 즐거움을 환기하는 색이기 때문에 누군가와 함께 맛있는 것을 먹으러 갈 때에 알맞다.
- 상대와 사이좋게 지내고 싶을 때 얘기하고 싶은 때 입으면 효과적이다.

전달 메시지

얘기합시다/즐겁게 합시다/나는 기뻐하고 있습니다/새로운 것을 좋아해

- 트러블의 중재 등 중간에서 냉정한 판단을 하고 싶을 때 입으면 좋다.

평화로 갑시다/밸런스를 맞춥니다/도전 합니다/누군가 어떻게 해 주세요

- 주위의 사람들과 인화를 원하는 경우, 조화의 분위기를 준다.

문제를 해결합니다/지적인 느낌이 있다/안심하고 맡겨 주십시오/잘 합니다

- 상대에게 냉정함을 준다. 크레임 대응 등에 입으면 좋다.
- 짙은 파란색은 상대에게 신뢰감을 준다. 지적으로도 보인다.

나를 인정해 주세요/나는 다른 사람과는 다릅니다/나의 직감에 맡겨 주세요/나의 매력은 어떻습니까?

- 감각적인 것을 설명할 경우에는 연보라 계열의 색이 좋다.
- 적자색은 상대의 성적감정을 높인다.

아무도 나에게 지시하지 말아줘/내가 얘기하고 있는 건 틀림없습니다/물건에 좋은 이미지가 있다

- 누군가에게 지시, 명령할 경우에 효과적인 이미지를 만든다.

나는 성실합니다/말하는 것을 곧이 곧대로 듣습니다/나는 개성적입니다/청결감이 있다

- 차가운 인상을 받기도 하므로 첫 대면하는 사람일 경우에 입고 가는 것은 알맞지 않다. 코디에 따라서는 청순하게 보인다.

그다지 관련되고 싶지 않다/나는 성실한 인간입니다/당신의 뜻에 따르겠습니다.

- 일을 지시받고 싶지 않을 때 입고 있으면 효과적이다.

옷의 색이 자신에게 미치는 영향

옷의 색은 자신에게 어떤 심리효과를 미치는가

다음은 옷 색이 자신에게 어떤 영향을 주는가를 설명한다. 제 3 장에서는 색의 기호와 기본성격의 관계를 설명했지만 여기에서는 옷 색이 그 색을 입고 있는 사람의 마음과 몸에 어떤 영향을 주는가를 설명한다. 좋아하는 색에 따라 옷이 선택되지만 옷 색이 그 사람의 성격을 변화시켜 가는 경우가 있다.

- 건강해지고 싶을 때나 무기력한 때에 입으면 건강해진다. 하지만 쉽게 피곤해지는 사람이나 만성적인 피로감이 있을 때 입으면 역효과가 난다.
- 적극적으로 행동하고 싶을 때에 입으면 추진력을 준다.
- 생식기의 움직임이 활발하게 된다. 특히 속옷은 효과적이다.

- 다른 사람에게 상냥하게 대할 수 있다. 성격이 온화해진다.
- 스트레스가 해소된다.
- 내분비계를 활성화시켜 기분을 젊게 하는 효과가 있다.

- 성장호르몬을 자극한다. 신진대사가 좋아진다.
- 움직임이 빨라진다. 적극적으로 움직이게 된다.
- 숙취와 기분이 나쁠 때는 증상을 악화시키는 경우가 있다.

- 자신의 욕망을 자극하는 색이며 야심이 생긴다.
- 불안한 기분을 달래주고 스스로에게 자신이 생긴다.
- 어려운 문제를 해결하고 싶을 때 추진력을 준다.
- 장의 움직임이 활발하게 되어 변비가 개선된다.

- 정신이 차분해지고 마음에 평화를 가져다 준다.
- 결단이 필요한 때, 결단력을 준다.
- 두통을 낮게 하는 효과가 있다. 피곤한 눈에도 좋다.

- 신진대사를 활발하게 한다. 집중력을 높인다.
- 자신의 창의력을 자극한다. 새로운 발상이 생긴다.
- 야위어 보일 뿐만 아니라 사실 말라 보이는 효과도 있다.

- 피곤한 정신상태를 완화시켜 준다.
- 체중조절과 설사를 멈추게 하는 효과도 있다.

- 여성호르몬 분비를 촉진시켜 보다 여성스러워진다.
- 자신의 직감력을 자극한다. 감각이 예리해진다.

- 외부의 힘으로부터 자신을 지킨다. 스트레스를 막아준다.
- 상대를 컨트롤할 힘을 준다.

- 내분비를 자극하여 피부가 젊어지고 미인이 된다.
- 새로운 무언가를 시작하고자 할 때 기분이 정리된다.
- 큰 결단을 내려야만 할 때에는 입지 않는 편이 좋다.

- 에너지 소모를 억제한다.
- 행동이 신중해진다. 활동적이지 않게 된다.

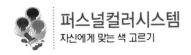

퍼스널컬러시스템
자신에게 맞는 색 고르기

어떤 때에 어떤 색을 입는 것이 효과적인가 하는 애기를 했지만 중요한 문제가 한 가지 남아 있다. 좋은 이미지를 표현하려고 해도 그 색이 자신에게 맞지 않으면 그다지 의미가 없다. 좋아하는 색을 기분 좋게 입기 위해서는 자신에게 어떤 색이 어울리는지를 아는 것이 중요하다.

퍼스널컬러시스템은 그 사람의 피부색과 뺨, 눈, 머리색 등 자신에게 맞는 색을 찾는 시스템이다. 이미지 코디의 선진국인 미국에서 확립된 시스템이며, 국내에서도 꽤 오래 전부터 사용되고 있다. 동양인용으로도 만들어진 퍼스털컬러시스템을 사용하는 코디네이터와 연관되는 서적도 많기 때문에, 한번 정도는 들은 적이 있을 것이다. 여기서는 간단히 이 시스템의 개요만 설명하겠다.

색에는 색상, 명도, 채도라고 하는 세 가지 속성이 있다는 것은 설명한 대로이다. 그러나 퍼스널컬러시스템은 이것에 언더 톤(언더 컬러)이라 하는 것을 넣어서 어울리는지를 본다. 언더 톤은 블루 베이스, 옐로우 베이스의 2종류로 나뉘어져 있으므로, 먼저 자신의 피부가 어느 성질에 속하는지 알아볼 필요가 있다.

알아보는 방법으로 파란색이 있는 흰 천(셔츠)과 옅은 노랑색이 들어간 오프 화이트 천을 준비한다. 이 천을 밝은 방의 거울 앞에서 얼굴에 대고 어느 천을 맞추면 얼굴색이 잘 보이는지 알아보자. 피부가 건강하고 얼굴이 생기가 있어 보이는 천을 고르는 것이 포인트이다.

흰 천이 어울린다고 느낀 사람은 블루 베이스의 사람. 피부색이 파란색 계열을 띠고 있든지, 핑크색 피부를 갖고 있다. 흰색 외에도 보라, 밝은 파란색, 레몬옐로 등의 색이 잘 어울린다. 동양 남성의 대다수는 블루 베이스이다. 오프 화이트 천이 어울린다고 생각한 사람은 옐로 베이스의 사람이

다. 황색을 띤 피부를 갖고 있는 사람은 아이보리, 어두운 녹색, 오렌지 등
이 잘 어울린다.

1

자신의 베이스 컬러를 알아보자

2

천을 얼굴에 대고 간단히
알아보자

밝은 곳에서 보고

여기 보세요

3

흰 천이 어울리는 사람은
블루 베이스인 사람

블루, 연분홍, 레몬옐로
등이 잘 어울린다!

4

오프 화이트가 어울리는 사람은
옐로 베이스인 사람

오렌지, 카키, 진한그린
등이 잘 어울린다!

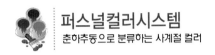

퍼스널컬러시스템
춘하추동으로 분류하는 사계절 컬러

자신이 블루 베이스인지 옐로 베이스인지 알았다면 다음은 봄, 여름, 가을, 겨울 네 가지 계절에 준하는 네 가지 타입으로 분류한다. 원래는 상세한 질문과 천을 피부에 대고 골라야 하지만 여기서는 간단하게 타입을 소개하겠다.

♥ 옐로 베이스

옐로 베이스는 머리카락과 눈동자가 갈색인 사람, 코럴 핑크의 뺨을 가진 사람은 봄형의 사람, 어두운 갈색 눈동자에 진한 갈색이나 검은색에 가까운 갈색 머리카락을 가지고 오렌지색에 가까운 뺨, 어두운 피부색을 가진 사람은 가을형의 사람이다. 봄형이 소녀다움을 나타내는데 비해 가을형은 고상한 이미지가 있다.

옐로 베이스   → 봄형(Spring)

                → 가을형(Autumn)

♥ 블루 베이스

블루 베이스는 머리카락과 눈동자가 소프트 블랙이나 짙은 갈색인 사람, 장미계열의 뺨을 가진 사람은 여름형의 사람이고 검은 머리와 검은 눈동자에 짙은 핑크 뺨의 사람은 겨울형의 사람이다.

블루 베이스   → 여름형(Summer)

                → 겨울형(Winter)

사람에게는 복합형이 많고 여름형과 겨울형으로 나누어지지는 않는 여름 · 겨울형같은 사람도 있다. 어느쪽이라도 할 수 없는 사람은 양쪽의 코디를 시험해 보는 것이 좋다.

봄형(Spring)

- 피부/옐로 베이스(흰색으로 투명감이 있는 피부)
- 머리카락/갈색
- 봄처럼 밝고 선명한 색이 어울린다

여름형(Summer)

- 피부/블루 베이스(조금 푸른기가 도는 피부)
- 머리카락/부드러운 블랙
- 파스텔 톤. 우아한 이미지의 색도 어울린다

가을형(Autumn)

- 피부/옐로 베이스(다소 어두운 피부)
- 머리카락/어두운 갈색
- 고상하고 도회적인 이미지가 풍부한 색이 어울린다

겨울형(Winter)

- 피부/블루 베이스(흰색, 혹은 다소 푸르고 어두운 피부)
- 머리카락/검정
- 흑백을 중심으로 강약이 있는 강한 대비

*어울리는 색은 극히 부분적인 예

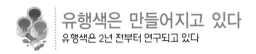

유행색은 만들어지고 있다
유행색은 2년 전부터 연구되고 있다

올 겨울은 모노톤이 주목컬러, 봄·여름은 화이트와 옐로 등, 유행색이 화제가 되고 있다. 이 유행색이란 건 무엇일까? 시즌이 시작되기 전부터 유행색을 알고 있는 것에 의문을 갖는 사람은 적을 것이다. 실은 유행색은 정해져 있다. 아니, 제안되고 있다고 하는 편이 정확하다. 사실은 인터컬러(국제유행색위원회)라고 하는 국제적인 조직이 있고 그곳에서 유행색이 검토되고 결정되고 있다.

유행색의 선정은 2년 전으로 거슬러 올라간다. 세계의 패션컬러에 관한 연구단체 등 14개국 대표가 모여 각자 가져 온 제안색을 2년 후의 트렌드 컬러로 선정하는 것이다. 이 각국의 제안색이 재미있다. 각 나라에서도 인상적인 소재와 상품 패키지의 컬러 등이 제안된다. 몇 년 전에는 '후지필름'이 패키지를 제안했을 때 독특한 녹색이어서 각국에서는 '신선한 녹색'이라고 평가한 적도 있었다. 이렇게 해서 결정된 컬러는 각국으로 보내어져 현재 생활자의 의식과 라이프스타일, 백화점 판매동향 등을 파악하여 JAFCA전문위원회의 색 선정회의에 의해 트렌드 컬러가 결정된다. 그리고 그 색이 보급된다. 메이커는 그것을 기본으로 상품개발을 하고 잡지사 등은 그 색을 자체적으로 개발하여 유행색을 시즌 직전에 발표하거나 준비하기도 한다.

그러나 이렇게 만들어진 유행색 이외에도 자연발생적인 유행색도 생긴다. 제안색과 전혀 반대색이 유행하거나 제안색과 유행색이 융합하는 것을 보면 정말 재미있다.

1

유행색은 사전에 준비되고 있다

올해는 모두
노란색이네
왜 그럴까…

4

정해진 색은 각국에서
다시 조정되고

우물 우물~

메이커로 보내진다

2

사실 유행색이 움직이는 것은
2년 전,

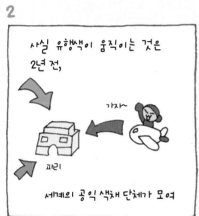

가자~

파리

세계의 공익 색채 단체가 모여

5

메이커는 그것을 참고로 상품기획

음

내년에는
옐로래!

맞아맞아~

3

각 나라 위원의 제안색을
토대로 협의한다

우물

그 색! 색이 없네

그 색!

6

그리고 유행색이 태어난다

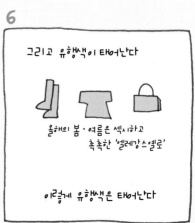

올해의 봄·여름은 섹시하고
촉촉한 '엘레강스옐로'

이렇게 유행색은 태어난다

06
색의 잡학

마지막으로 변화된 색이름과

색의 잡학을 소개한다.

읽다 보면 무심코 납득이 가는 색의

작은 자료들을 모아 보았다.

색의 재미를 조금만 실감해 보자.

색은 복잡하지만

아주 재미있다!

재미있는 색이름

많은 사람들이 오해하고 있지만 색의 이름은 색견본과 사전에 실려 있는 것을 '점'으로 나타내고 있는 것은 아니다. 색이름은 '범위'를 나타내는 것이다. 대부분의 색은 자연에 있는 풀과 나무, 꽃 등에서 이름이 만들어진다. 예를 들면 '어린풀색'이라고 해도 자연에 있는 어린풀색은 일정하지 않다. 점으로 파악한 어느 색만을 '어린풀색'이라고 인정하고 그렇지 않은 색은 '어린풀색'이 아니라는 것은 넌센스다. 색채학과 색채심리학을 공부하고 있으면 이 원점을 그만 잊어버린다. 상업적인 관점에서 바라볼 뿐이다. 색은 본래 범위라는 것을 재인식하면서 여러 색을 보기 바란다. 이러한 것을 생각하고 색명이 붙은 색을 보고 있으면 더 재미있는 색의 세계가 펼쳐질 것이다.

♥ 신바시색

'신바시색(파란빛이 도는 연녹색, 게이샤로부터 유행한 색 – 역주)'이라는 색이 있다. '신바시'의 이미지는 '샐러리맨', '육교아래', '상업빌딩'이라고 할까. 어쨌든 칙칙한 쥐색 이미지? 활기가 넘치는 술집을 이미지화한 따뜻한 색? 하지만 틀린다. '신바시색'이란 다이쇼시대에 신바시에 있던 게이샤들이 즐겨 입었던 기모노의 밝고 선명한 청록색이다. 화학염료를 이용하여 선명한 청록색을 넣어서 기모노를 만들었는데, 그때까지 선명한 색이 없었기 때문에 유행색이 되었다. 신바시 게이샤들은 시대에 민감한 게이샤였던 것 같다. 지금의 신바시 샐러리맨도 그녀들의 감각에 뒤쳐지지 말고 시대에 민감하기를 바란다. 하지만 만약 '샐러리맨색'이라고 하는 색이 있다면 어떤 색일까? 밝은 내일을 상징하는 색이었으면 하는 바램이다.

1

신바시색이라는 색이 있다

4

안돼, 안돼
꿈이 없어

빌딩의 회색

2

옛날 신바시에 있던
게이샤가 좋아했던 색

5

이런 밝은
색은 어떨까?

오~

3

그래서 우리는
새로운 신바시색을
만들고 싶다

6

어제 역 앞에 있던
철수씨의 바지색

그게 뭐야!

어떻게 아는 거지??

🗨 하늘색

낮의 화창한 하늘색이다. 옅은 파란색으로 물색에 가까운 색이며, 하늘색이라고 해도 자연의 것이기 때문에 날마다 색이 변한다. 이 정도로 애매한 색도 없을 것이다. 하지만 하늘색에는 이런 정의가 있다. '여름 맑은 하늘의 오전 10시부터 오후 3시 사이, 수증기와 먼지의 영향이 적은 대기 상태에서 뉴욕에서 50마일 이내의 상공을, 두꺼운 종이에 1cm 사각 구멍을 뚫어, 그것을 눈에서 약 30cm 떨어져 가리고 구멍을 통해 본 색'이다. 애매한 색이지만 아주 엄격한 정의가 있어서 재미있다.

🗨 에도보라와 교토보라

에도보라와 교토보라라는 보라색이 있다. 에도보라는 도쿄의 무사시노에 자생하고 있던 보라색풀로 염색한 보라이고, 교토보라는 에도보라보다 빨간색에 가까운 보라이다. 이 색에서 에도와 교토의 차이가 보여서 재미있다. 순수한 에도보라는 조금 파란색이 들어간 왕도의 보라이고, 화려한 것을 좋아하는 교토보라는 붉은 기가 도는 보라이다. 빨강이 섞인 보라가 교토를 상징하고 있는 듯하다. 만약, 나라보라라는 색이 있다면 어떤 느낌일까? 조금 갈색이 들어간 고풍스런 보라일까?

🗨 돈포겟미 블루

연인을 위해 물가에 핀 파란 꽃을 따려고 했던 청년이 강에 빠져 물에 휩쓸려버렸다. 그는 휩쓸려 가면서도 연인에게 파랑 꽃을 던지며 '날 잊지 말아줘' 하고는 보이지 않게 되었다. 청년의 그 말이 이 꽃의 이름의 유래가 되었다고 한다. 이것을 물망초색이라고 한다. 꽃말이 '진실한 사랑'을 나타내는 아름다운 블루이다.

하늘색

우끼~

무슨 소리 하는 거야

뭐라고 하노
보라는 에도 보라다…

교토보라

불 구경이나
싸움 구경은…

당신을 잊지 않을게

가 아니라 살려줘…

돈 포겟 미 블루

● 성성이색

성성이란 중국 전설상의 동물로 원숭이를 닮은 얼굴과 사람의 어린애와 같은 음성, 선명한 빨간 털을 가졌다고 한다. 그 피는 가장 붉다고 해서 거기에서 이 색의 이름이 탄생했다. 중국에서는 '진홍색'이라고 한다.

● 블랙퍼스트 룸 그린

외국에는 재미있는 색의 이름이 있다. '블랙퍼스트 룸 그린'은 옅고 다소 회색빛이 나는 그린. 아침밥을 먹는 방의 녹색? 하지만 이 그린은 햇빛이나 촛불에서도 비치는 좋은 색이라 여겨져 벽 등의 색에 쓰이고 있다. 그럼 저녁에도 좋은 걸까? 수수께끼다.

● 오우찌

참죽나무의 옛 이름 오우치 꽃의 색, 옅은 푸른빛 도는 보라색이다. 가구재로 유명한 마호가니의 일종으로 가구와 건축용 자재로도 사용된다. 즉, 오우찌는 정말로 집(우찌)이 되어버린 것이다.

● 샤레가키

'떫은 감', '곶감'은 들어 본 적이 있지만 샤레(세련된) 감이라는 것은 어떤 감일까? 옅은 황색이 들어간 오렌지색에 세련된 이름을 붙인 에도의 '멋'이 느껴지는 색의 이름이다.

성성이색

룰루

성성이다

블랙퍼스트 그린

우리는 런치 타임
그린 개발에 성공했다

오~

부~웅

성성이 파리다

오 우찌

거기 비켜…
집(우찌) 지을거니까

쓰레기치

더 이상 못 먹겠어

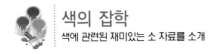

색의 잡학
색에 관련된 재미있는 소 자료를 소개

🗣 연예인을 왜 이로모노(색깔이 있는 물건)라고 할까?

공연장 등에서는 코미디와 마술을 하는 사람을 왜 '이로모노'라고 할까? 요즘은 개그맨도 이로모노라고 한다. 이는 라쿠고(일본 만담 – 역주)공연장이나 고단(무용담이나 정담 등을 재미있게 말하는 극 – 역주)공연장 등의 극장에서 주연배우가 아닌 사람이 공연을 하였는데, 이 사람들을 이로모노라고 한 것이 시초이다. 하지만 왜 이로모노라고 부르게 되었는지는 여러 가지 설이 있다. 가장 믿을 만한 것이 공연의 출연자를 소개하는 간판에 라쿠고 이외의 연기를 하는 사람을 빨간 글자로 쓴 것에서 유래한다고 한다. 라쿠고와 고단 외에 다른 연기를 하는 사람은 글자 색으로 구별하고 있었다. 그밖에도 연예인은 색색별 화려한 의상을 입고 있었기 때문이라는 설이 있다. 확실히 라쿠고와 고단 공연자에 비해 연예인들은 화려한 의상을 입고 있었다. 어느 쪽이라 해도 공연장 사이와 사이를 메우는 화려한 색이었음에는 틀림이 없다.

🗣 호색한의 색은 어떤 색?

미남자인 호색한, 이 색이란 어떤 색인 걸까? 호색한의 어원을 거슬러 올라가면 가부키에서 볼 수 있다. 여기에서 남성을 흰 피부의 미남으로 보이기 위해 얼굴을 하얗게 칠했던 것이 시초로 되어 있다. 요컨대 호색한의 색은 '흰색'인 것이다. 최근 드라마에 나오는 산뜻한 여름 향기가 나는 건강한 인기남은 원래 의미에서 말하는 호색한이 아니다. 또 미남만이 아니라 연애를 많이 하는 남자도 호색한이라고 한다. 이것은 '色'이라고 하는 글자가 '남'과 '여'라는 글자가 겹쳐서 만들어진 상형문자라는 설이 있기 때문이다. 생각해 보면 흰 피부의 호색한도 얼굴이 붉어진다.

1

이로모노라는 말이 있다

왜 그러는데

원숭이예요

개그맨을 가리키는 말

2

원래는 공연장에서
공연자와 연예인을 구별하기 위해

라쿠 고원

원수

3

간판, 프로그램표에 색을
사용했기 때문으로 보인다

落語	秋風亭	馬顔
落語	五笑亭	歌四角
만담	サルマヨ	
落語	二笑亭	円熟
콩트	모노드라마	

4

연예인은 완전히 인기스타가 되어

멋진
이로모노다

이제는 이로모노는
칭찬하는 말이기도 하다

5

하지만 집에서는

예~

당신 세탁
끝났어요?

6

이로모노는 경원시 되고 있다

싫은 이로모노다

예~

이로모노는
구분했어요?

✎ 10인10색은 정말일까?

10인10색이라는 말이 있다. 사고방식과 취향 등이 사람마다 각각 다르다는 것을 말한다. 그래서 정말 색의 취향이 다른 지, 주위에 있는 열 사람에게 물어 보았다. 연령도 성별도 제각각인 사람에게 어떤 색을 좋아하는지 질문했다. 그러자 '녹색, 오렌지색, 빨간색, 검정색, 연보라색, 흰색, 오렌지색, 파란색, 핑크색, 녹색' 10인 8색으로 나뉘었다. 미묘한 느낌이기 때문에 다음 열 명에게도 물어 보았다. '핑크색, 녹색, 물색, 보라색, 로즈 레드, 회색, 와인레드, 보라색, 인디고블루, 녹색' 다소 매니아적인 색이 나와서 놀랐다. 그리고 로즈레드와 와인레드를 다른 색으로 하면 이 경우에도 10인 8색으로 취향은 역시 여러 가지이다. 당신도 가까이 있는 열 명의 취향을 물어보면 어떨까?

✎ 인간이 식별할 수 있는 색

인간이 식별할 수 있는 색은 50만색에서 100만색이라고 한다. 일설에는 700만색에서 1000만색까지도 구별할 수 있다고 한다. 인간의 색채감각은 실로 대단하다. 그러나 가장 대단한 것은 최근에 텔레비전을 통해 표현되는 1679만색이다. 게다가 PDP는 36억 2000만색과 57억 5000만색이라는 표시색을 표현할 수 있다. 그러나 현명한 독자는 이미 알 것이다. 그러한 표시색이 있어도 인간의 색채감각을 뛰어넘기 때문에 그다지 의미가 없다. 1679만색보다 36억색인 편이 깨끗하게 보이는 듯 하지만 어느쪽이나 비슷하게 보인다. 1000만색 정도 있으면 충분하다. 텔레비전을 선택할 때 참고하기 바란다.

1

10인10색이라는 말이 있다

잉?

2

사람은 취향도 제각각이라는 말

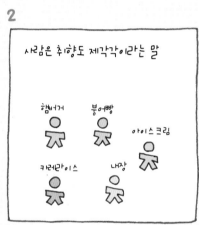

햄버거　　붕어빵
　　　　　　　　아이스크림
카레라이스　　내장

3

그래서 열 사람에게 색의
　　　　　　　취향을 물었다

택배입니다

좋아하는
색은?

좋아하는
색 알려줘

4

대째 8~9가지종류로
　　　좋아하는 것은 제각각이다

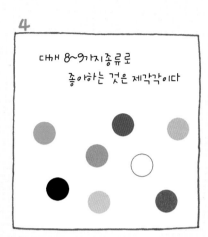

5

심리학에서도 사람을
9패턴으로 나누어 생각한다

아항~

1 —　　5 —
2 —　　6 —
3 —　　7 —
4 —　　8 —
　　　　9 —

6

인간은 다채로운 취향을
　　가진 재미있는 동물이다

우끼~

하지만 넌
원숭이

🐚 세계의 민족이 구별하는 색

에스키모는 우리들이 '흰색'이라 부르는 것에도 수십 가지로 구별하여 쓰고 있다. 허얀 눈에 뒤 덮힌 장소에서도 미묘하게 흰색을 구별하여 길 표시 등에 쓰고 있다고 한다. 다채로운 색의 구별이 가능함에도 불구하고 색 이름을 하양과 검정밖에 가지지 못 한 민족도 있나.

🐚 한가지 더 원색을 가진 여성

인간의 눈은 빨강, 파랑, 녹색의 3원색을 인식하는 세포를 가지고 있지만 여성 중에는 4원색을 가지고 있는 사람이 있다. 빨강을 느끼는 색의 요소는 두 가지로 주황에 가까운 빨강을 가장 빨갛다고 느끼는 사람과 진홍색을 가장 빨갛다고 느끼는 사람도 있다. 이 색소의 유전자는 X염색체상에 있다. XY염색체를 가진 남성은 어느 쪽인지 한 쪽의 색소밖에 가지지 못 하지만, 반수의 여성은 양쪽 유전자를 갖는다. 무수히 많은 립스틱 중에서 자신에게 맞는 빨강을 찾아내는 재능은 어쨌거나 여기서부터 오는 듯하다.

1

포유류는 진화 도중에 색감이 2원색이 된다

4

이것은 2개의 빨강을 다른 원색으로 이해할 수 있다

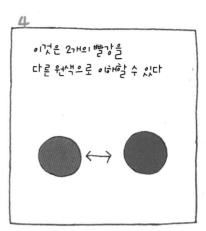

2

원숭이 시대부터 3원색이 된다고 한다

해냈어~

5

그런 여성은 빨강에 매우 민감

데이트 데이트

립스틱을 바꿔 보자

3

하지만 여성은 4원색을 가졌다고 한다

6

남자는 신경 쓰지 않으면 안 된다

어라 이 사람 화나는 걸…

밥먹으러 갈래?

눈치채지 못하네